나의
주거
투쟁

나의 주거 투쟁

주거 이력서로 바라본
나의 성장 이야기

김동하 지음

궁리
KungRee

프롤로그

나는 왜 주거 투쟁기를 쓰는가

한창 주거 문제로 골몰하던 때가 있었다. 어느 날 괴테의 『파우스트』를 읽다가 '인간은 노력하는 한 방황한다'는 그 유명한 문구가 내 눈에는 신기하게도 '인간은 노력하는 한 이사한다'로 읽히는 것이 아닌가. 주거 문제가 은연중 내 삶에 중요한 비중으로 다가와 있었다. 주거에 관한 책을 쓰게 된 이유다.

내가 살았던 집을 하나씩 되돌아보면서 백지에 '주거 이력서'를 써내려갔다. 처음엔 단순히 주거 문제라 생각했지만, 어느덧 '주거=인생'이었다. 5년, 10년, 20년 전 주거 공간을 떠올리다 보니 그 시절의 일들이 하나둘 생각났다. 내 기억 속의 일상들, 집은 그날의 기억을 간직하고 있었다. 집은 내 희(喜), 로(怒), 애(哀), 락(樂)과 묵묵히 함께하면서 각종 추억을 쟁여놓고 있었다. 좁든 넓든, 월세든 전세든 상관없이 말이다.

그동안 나를 돌아볼 기회가 흔치 않았다. 10대는 대입에 목맸고 20대는 어떻게 지나갔는지도 모르게 빨리 흘러갔다. 30대 역시 취업과 결혼, 출산 등으로 여념이 없었다. 40 · 50대가 된다고 해도 그리

한가할 것 같지는 않다. 그냥 표류하게 둘 수는 없다. 한번은 닻을 내려야 한다. 쉼표를 찍고 인생을 되돌아볼 때 그 작업을 안내해줄 매개체가 사람마다 다를 것이다. 내가 선택한 '나와 나의 연결고리'는 주거였다.

다른 이들과 달리 어린 시절 비교적 여러 형태의 주거를 경험하는 행운을 누렸다. 중·고등학교 때 부모님이 식당을 운영했는데, 업종을 바꿀 때마다 우리 집은 가게를 끼고 새로 방을 얻어야 했다. 좀 더 쾌적한 집에서 살고 싶다는 바람이 생긴 게 바로 이 시기다.

서울로 대학을 오며 처음으로 독립하면서 자취와 하숙, 더부살이도 했다. 방랑하는 20대, 배는 고팠지만 이상은 맘껏 춤췄다. 어느 것에도 얽매이지 않은 자유로운 주거 형태는 내가 다시 경험할 수 없는, 그 시절에만 누릴 수 있었던 소중한 기억이다.

가정을 이룬 시점부터는 내가 추구하는 가치관과 주머니 사정에 따라 주거의 방향을 정하고 집을 구했다. 사실 경제력에 밀려 가치관이 담긴 주거 이상을 맘껏 펼치기가 녹록지 않았지만 부단히 달려왔다.

투쟁 끝에 '내 집 마련'의 꿈을 이룬 건 서른여섯 살이 돼서다. 대출이 대부분이라 '내 집'이라 부르기도 무색하지만, 원금과 이자를 꼬박꼬박 내다보면 15년 만기상환일이 도래할 것이다. 나이 쉰은 넘어야 온전한 내 집을 갖게 되는 셈이다. 까마득하지만 그날은 온다. '내 집' '대출' '이자' '만기상환'과 같은 세속의 용어를 언급하면서 투쟁이라는 수식어를 붙이는 것이 과연 적절할까.

투쟁을 논하려면 최소한 사회의 구조적 모순에 대한 저항, 부정적 대상을 극복하기 위한 치열한 싸움 등 거시적 담론쯤은 돼야 한다고 생각하던 터였다. 이상을 고민하면서 온몸을 던졌던 위인들에게나 어울리는 단어라 여겼다.

투쟁에 대한 개념이 달라지기 시작한 건 서른을 넘기면서부터다. 직장에 다니고, 가정을 이루고 육아를 하면서 투쟁은 누군가의 전유물이 아닌 걸 알게 됐다. 하루하루 밥벌이를 고민해야 하고 기약 없는 취업 전선에 뛰어들며 직장에서 살아남기 위해 몸부림치는 것이야말로 투쟁의 현장이다. 결혼에 진입하는 과정도 쉽지 않다. 결혼을 넘어서면 '육아 전쟁'이 찾아온다. 투쟁을 넘어 전쟁의 반열에까지 오른 게 육아의 세계다. 미세먼지의 습격 속에서 아이들과 속수무책으로 방구석에서 씨름해야 하는 눈물겨운 일상이야말로 단언컨대 투쟁의 단면이다. 평범한 사람의 미시적 일상도 투쟁이다.

내 집 마련으로 주거 투쟁은 끝인 줄 알았다. 하지만 자녀교육, 자연과 주변 환경, 또 노년을 어떤 모습으로 보낼 것인가 하는 고민 등 넘어야 할 산이 또 보인다. 종착지인 줄로만 알았던 내 집 마련이 사실은 정류장에 불과했다. 주거 투쟁의 2막, 3막은 이어질 것이다.

주거에 관한 관심이 남다른 시대에 사는 우리는 모두 저마다의 주거 투쟁사를 갖고 있다. 설사 극적인 요소와 절체절명의 위기는 덜할지라도 자신에게 주어진 인생을 대하는 치열함만큼은 누구에게나 존재하기에 흔적이 남는 법이다. 범인(凡人)의 삶에서 투쟁의 흔적은 주거에 고스란히 드러난다. 이 책에서 소개한 사연이 낯선 사람도 있을 것이고, 이 정도의 이야기는 가소롭다 할 만큼의 우여곡절을 겪은

이도 있을 것이다. 자신이 어떤 길을 걸어왔는지, 어느 위치에 와 있는지 짚어보는 데 이 책이 조금이라도 도움이 되기를 바란다. 또 주거 투쟁의 방향이 마냥 크고 비싼 집을 추구하는 것이어야 하는지 잠시 멈춰 생각해보는 계기가 됐으면 한다. 적어도 인생 굽이굽이마다 의미와 사연을 담을 수 있는 집이어야 하지 않을까.

당신이 진정 원하고 추구하는 집은 어떤 모습인가.

차례

10대, 주거 투쟁의 이유를 마음에 새기다

2부 · 끝나지 않는 주거 투쟁

도시에서 아이를 키우며 산다는 것

통닭
○○이사

1부

주거 투쟁과 함께한 나의 성장기

30대,

주거
투쟁의
최전선에
서다

30대에게 주거란?

30대는 내 의지에 따라 거주지를 옮겨 다녔던 20대와 달랐다. 결혼과 출산이라는 외부 환경 변화가 큰 영향을 미쳤다. 남편이 되고 아빠가 되는 일은 누가 시켜서 한 것도 아니어서 외부의 영향이라기보다 내 의지가 반영된 것이라 할 수 있지만, 어쨌든 이사할 때마다 나 혼자만 생각하면 됐던 20대 거침없던 시절의 내가 아니었다. 이사할 곳을 물색하고 선택하는데, '나'보다는 '아내', '부부'보다는 '자녀'가 중심이 됐다.

'혼밥 가정'에서 결혼으로 둘이 되고, 출산으로 3~4인 이상의 가족을 이룬 30대 대부분이 그렇게 느끼겠지만, 이 변화는 생각보다 급작스럽다. 가장이 된다는 무게감이 들이닥친다. 나 한 몸도 돌보기 버거운 마당에, 고려해야 할 식구가 늘어난 것이다. 20대 성향의 기본이 발산이라면 30대는 수렴이다.

물론 가족의 요구와 목소리에 귀 기울이지 않을 수 있다. 그러나 평온한 가정생활을 영위하기 쉽지 않다는 것을 각오해야 한다. 어쩌면 평생을 수렴보다 발산으로 살고 싶다면 30대 때 분명하게 선을 긋는 용자(용감한 사람)의 행보를 하는 것이 좋을지 모른다. 나는 용자가 되기보다 현자가 되기로 30대 때 마음의 결정을 내렸다. 미리 밝혀두지만, 그래서 우리 가정은 비교적 평온한 축에 속한다.

대학 생활을 할 때는 대학생이라는 이유로, 취업을 준비할 때는 취업 준비생이라는 이유로 양해되던 부분이 있었다. 하숙이든 자취든, 누구 집에 얹혀살든 말든, 이도 저도 어려워 고향 집에 내려가 잠시 신세를 지든, 사회나 가족, 주변인들은 그 20대를 바라보며 '미래를 위한 준비 단계'로 여기는 측면이 있기 때문에 어느 곳에 주거 거점을 삼든 주눅 들 이유가 별로 없었다. 물론 음식 하나 해먹을 취사 시설이 없는 좁아터진 고시원이나 '잠만 겨우 자는 방'에 살면서 자괴감이 들 때가 있다. 그러나 언젠가 다가올 막연한 광명을 기대하기에, 20대는 희망 하나만으로도 버틸 만했다.

20대가 지나고, 주변에서 청첩장이 끊이지 않고 날아드는 30대가 된다. 이쯤 되면 삼삼오오 모인 대화 자리에서 어김없이 등장하는 이야기가 결혼이다. 결혼이 주제이면 주거에 대한 이야기가 필수로 등장하게 마련이다. 직장인들은 점심 식사 후 누군가의 결혼 소식을 카페 테이블에 올려놓고는 '그들이 신혼집은 어디에 구했는지', '전세를 얼마에 얻었는지', '말도 안 되게 신혼부터 집을 매매로 얻었는지', '배우자 집에서 얼마를 보태줬는지' 등 집 이야기로 화제가 쏠린다. '작은 결혼식'을 그렇게도 생색냈던 어떤 신혼부부가 서울 번화가에 '억억 소리' 나는 괜찮은 전셋집을 떡 하니 마련했다는 소식에 왠지 모를 비애가 찾아올 때도 있다.

대화 자리에서는 보통 돈을 좀 가진 사람일수록 전세금을 자신 있게 이야기한다. "○억에 계약했어." 좀 없는 사람들은 좀처럼 전세금을 커밍아웃하지 않더라.

나는 가진 게 쥐뿔도 없었지만 자신 있게 실존을 드러냈다. "서울 동작구 노량진 반지하 전세 4500만 원, 그것도 4500만 원의 70%는 대출받아 냈다"고 말했다. 주변을 의식하는 30대 초반이 됐지만, 20대의 거칠 게 없었던 자신감이 남아 있던 때였다.

우리 부부처럼 양가 도움을 받지 않고, 전세자금 대출 한도를 다 채워서 5000만 원도 안 되는 전셋집에서 신혼 생활을 하는 부부는 주변에 생각보다 드물었다.

대출 꽉 채워 받은 4500만 원 전세도 감지덕지했다. 2010년, 서른이 되면서 시작한 언론사 준비를, 서른을 넘기지 않고 가까스로 합격해서 처음으로 직장을 갖게 됐다. 그로부터 1년 뒤 우리 부부는 결혼식을 올렸다. 그해 직장을 갖지 못했으면 결혼은 더 늦어졌을 것이고, 7년 연애가 8년이 됐을지, 9년이 됐을지, 결국 결혼을 하기는 할 수 있었을지 장담하기 어렵다. 다행히 요즘 결혼 적령기에 비하면 무척이나 이른 편인 남자 나이 서른한 살, 여자 나이 서른 살에 우리는 결혼했다. 순조롭게도 결혼 열 달 뒤 첫째 아이가 태어났고, 첫째 아이 출산 이후 22개월 뒤 둘째 아이가 태어났다. 첫째 아이를 감당하기도 벅찰 무렵이었다.

연애, 결혼, 출산을 포기한다는 '삼포 세대'에 세 가지를 일단 해냈으니 다행이다. 기본을 이뤘으면 만족할 법도 한데 사람의 욕심은 끝이 없다. 세 가지에 더해 인간관계와 집을 포기한다는 '오포 세대'를 적용해봤을 때, 나는 '과연 서울에서 집을 살 수 있을까' 고민이 됐다. 없는 살림, 없는 돈에 전세를 찾아 발품을 팔며 돌아다니면서 현실의 높은 벽을 마주했을 때 '나도 언젠가 서울에서 집을 살 수 있다'

는 확신이 들지 않았다.

우리 사회에서 집, 주거가 갖는 의미를 단순히 '집은 비를 피하는 정도'로 여겼던 과거에 비할 수 있을까. 『지봉유설』의 이수광(1563~1628)은 당시만 해도 "집은 비를 피하면 족하다"(가족이비우 · 家足以比雨)라고 해서 '비우당(比雨堂)'을 지었다고 하지만, 어디 요즘 세상에 이런 집이 가당키나 한 일이겠는가. 청빈 사상이라는 정신, 오직 그 정신만 본받을 일이다.

오포 세대가 포기해야 하는 것들, '포기'라는 것은 다시 말해 '필요하다'는 의미다. 필요하지만 내려놔야 한다는 뜻이다. 대부분 백성이 청빈하고 궁핍한 삶을 살던 조선 시대에야 포기가 포기의 의미로 와 닿지 않았겠으나, 어디를 둘러봐도 하늘을 찌를 듯 높은 아파트가 올라가고 촘촘하고 빼곡하게 주택이 들어선 요즘 시대에 집을 사지 못했다면 그것은 포기다. 가져야 하는 것을 갖지 못했기 때문이다. 포기하지 않기 위해 현대인들은 아파트 매매에 그렇게도 매달리는 것이고 삼포 · 오포 · N포 세대를 함께 고민하게 되는 것이다.

김세훈 서울대 환경대학원 교수는 『도시에서 도시를 찾다』(한숲, 2017)에서 "출발 자체가 남들과 다르거나 아직 시장에서 다른 경쟁자와 동등하게 경합을 벌이기 어려운 이들은 자유시장 경제에서 빈곤의 대물림, 교육기회 박탈, 건강문제로 인한 사회적 격차를 극복하기 어려워 고착화된 불평등을 겪는다"라고 진단한다. 나름의 고민을 한 김 교수가 내놓은 해법은 '저소득층 주거권 보장' 등 이들 집단에 대한 특별한 배려의 필요성이다. 정부도 해결책을 찾아 온갖 정책들을 내놓고 고공 행진하는 집값을 잡기 위해 해법을 제시하지만, 30대 가장의 눈으로 봐도 성에 차지 않는다. 20대에게는 더더욱 먼 나라 이야기처럼 들릴 것이다.

이처럼 젊은 세대가 직면한 불안함 속에 우리 부부는 신혼을 출발했다. 처음 마련한 신혼집은 볕이 제대로 들지 않았다. 스쳐 지나가는 바람에도 먼지가 쉬이 방으로 찾아드는 다소 열악한 환경이었다. 우리 부부에게는 '다소' 열악한 환경이었겠지만 삼포 · 오포 세대를 사는 누군가는 '더 열악한 환경도 얼마든지 많아! 배부른 소리 하고 있네'라고 할 수 있을 것이다. 반대로 포기가 뭔지 모르는 누군가는 '그런 열악한 집에서 어떻게 살아'라고 물을 수도 있을 것이다.

여하튼 내 출발선은 그랬다. 지금도 그 공간에 대한 아픈 기억보다 즐거운 추억이 더 많은 이유는 가장 힘들지만 보람된 시절을 함께 했기 때문이다.

아이들이 태어나면서 주거에 대한 고민이 본격화됐다. 반지하가 주는 환경이 아이들에게 생각보다 좋지 않다는 것을 알게 됐다. 아이들이 없었다면 그 집에서 몇 년 더 살았을지도 모른다. 아이들의 쾌적한 주거 환경을 위해 이사를 결심했다. 20대와 달리, 이사의 조건을 아이들에게 맞췄다. 유치원과 어린이집, 도서관과 놀이터, 햇볕과 공기 등 내 · 외부 주거 환경을 1순위에 두고 이사할 곳을 물색했다.

40대가 되면 아이들의 교육 문제가 아마도 주거지 선택의 중심이 되지 않을까. 그렇게 생각하면 문득 두려움도 생긴다. 요 몇 년간 가족을 위해서 주거를 옮겨 다녔지만 '나'를 위한 이사는 언제쯤일까. 할 수 있기는 한 걸까. 지금이라도 나를 잃지 않기 위한 투쟁을 시

오포 세대가 포기해야 하는 것들,

'포기'라는 것은 다시 말해 '필요하다'는 의미다.

필요하지만 내려놔야 한다는 뜻이다.

어디를 둘러봐도 하늘을 찌를 듯

높은 아파트가 올라가고 촘촘하고 빼곡하게

주택이 들어선 요즘 시대에

집을 사지 못했다면 그것은 포기다.

가져야 하는 것을 갖지 못했기 때문이다.

작해야 할까. 지금까지의 이사가 가족을 위해서라지만 결국 나를 위한 것일까.

30대, 겉으로 표출되는 방황의 강도는 20대보다 낮다. 하지만 생각의 방황은 20대 못지않은 시기다. 뒤돌아볼 겨를도 없이 결혼과 연이은 출산으로 쓰나미처럼 휩쓸려 가버린 30대에 뭔가 흔적이라도 남겨야 하지 않을까. 내가 왜 이사하는지도 모른 채 시류에 휩쓸려 주거지를 옮겨서는 안 된다. '내가 이사하는 이유'에 대한 답이 준비돼야 한다.

나의 30대 주거 투쟁 발자취 요약 • •

다가구주택 월세 : 결혼 전 살던 보증금 500만 원 월세 30만 원의 집. 해 뜨기 전이 가장 어둡다고 취업 준비생(백수) 시절 매달 빠져나가는 월세는 살점이 뜯겨 나가는 것 같은 고통을 안겨줌.

다가구주택 전세 : 취업 후 결혼에 성공. 부부가 합심해 마련한 반지하 신혼집, 4500만 원 전세. 신혼부부 대출을 이용해 전세금 중 70%인 3150만 원은 대출. 신혼부터 전세를 무리해서 구하는 부부가 있지만 우리 부부는 욕심을 버리고 반지하부터 시작. 집세로 나가는 돈이 거의 없었다. 이곳에서 4년 넘게 살면서 돈이 자연스레 모였다. 반지하에서 떨어지지 않는 아이의 비염으로 이사를 결심.

빌라 전세 : 1억 2000만 원 전세. 마을버스 종점에 내려서 급경사를 한참 올라가야 하는 공기 좋고 햇볕 잘 드는 빌라 4층으로 이사. 한국언론진흥재단에서 전세 대출 4000만 원을 받음. 비탈을 날마다 오르내리다 보니 허벅지가 튼튼해짐.

아파트 28평 매매 : 3억 3500만 원에 매매. 2016년 4월 아낌 e 보금자리론 금리(2.68%)가 최저일 때 70% 한도를 꽉 채워 2억 원이 넘게 대출받음. 매달 100만 원에 가까운 원금과 수십만 원의 이자가 월급에서 떨어져 나가고 있음. 15년 상환으로 2031년 4월이 돼야 상환 완료.

백수 시절,
월세가 주는 압박감

"뭐 별거 없네. 서른이 되면 뭔가 어마어마하게 바뀔 거라 기대했던 걸까. 참으로 허무했다."(『반짝반짝 나의 서른』, 조선진 지음, 북라이프, 2015)

서른을 다룬 책을 보면 서른이 주는 특별하면서도 별반 다를 바 없는 이중적 감정이 교차한다. 나 역시 뭔가 대단한 걸 기대했지만 막상 서른이 되던 날, 어제의 12월 31일과 오늘의 1월 1일의 차이를 특별히 느끼지 못했다. 다만 서른을 맞이하며 잠을 늦게 잔 탓에 평소보다 좀 더 졸리는 정도였던 기억이 있다. 마흔이 돼도 뭐 별거 없겠지. 사실 서른이든 마흔이든, 나이를 먹는다고 급격히 달라지는 건 없다.

나는 그대로인 것 같은데 주변 사람들과 사회의 인식이 바뀐다. 이에 대한 내 반응과 대처가 달라진다. 서른이 되니 조금씩 주변의 눈을 의식하게 되더라. 나이 서른이 되도록 직업을 갖지 못했던 나는

'나이 서른에 아직도 백수야?'라는 질문에 떳떳하기 어려웠다.

주변을 의식하게 됐다. 체면 차림이 시작된 것이다. 한성열 등의 공저 『문화심리학』(학지사, 2015)에 나오는 체면(體面)의 정의가 흥미롭다. 체면이라는 단어는 몸을 뜻하는 '체'와 얼굴을 뜻하는 '면'으로 구성된다. 이 책에서는 얼굴(면)이 사람의 도리와 관련된다면, 몸(체)은 사회적 지위를 상징한다고 봤다. '낯(면) 뜨겁다' 등의 표현은 도리에 어긋나는 행동을 했을 때 오는 부끄러운 감정이 포함돼 있는 반면 몸(체)은 지체 · 체통 · 체신 등 지위나 신분에 따른 권위나 능력을 전제하고 있다.

그런 점에서 본다면 서른이 되면서 내가 느꼈던 체면은 사회적 지위(체)에서 오는 압박이었다. 개인의 도리(면)를 다 못한 것도 아니었는데, 서른이 됐다는 이유만으로 어쩔 수 없이 압박을 받아야 했다. 도덕적으로 잘못한 것도 없는데 말이다. 서른이 되도록 취업도 안 한 게 잘못이라면 잘못이었다. 나는 서른이 돼서 취업 전선에 본격적으로 뛰어들었기 때문에 '못 한 게' 아니라 '안 한 것'이라고 지금도 줄기차게 주장하고 있다. 마땅히 갖춰야 할 사회적 지위, 즉 직장을 갖지 못한 결과 나는 체면의 압박을 받아야 했다. 그때 만약 압박 없이 초월적 경지에 이르렀다면 내 백수 생활은 더 길어졌을지 모른다.

사실 오래 버틴 편이다. 장교로 복무하다 28살 후반에 전역하고 1년 넘게, 나름 자처해서 백수 생활을 했으니 말이다. 군 복무를 마칠 때쯤 '내 인생에서 언제 이렇게 자유로운 시간을 보낼 수 있겠어'라는 생각이 들었다. 그런 이유로 전역 후 1년 정도는 내 의지가 가는 대로 자유롭게 생활했다. 그런 내 결심을 이해해준 당시 여자친구이자 지금의 내 아내에게 감사하다.

물론 고향에 계신 부모님께는 내 생각을 여과 없이 전달할 수 없었다. 그냥 놀겠다고는 차마 말할 수 없어 법학전문대학원(로스쿨)에 들어가겠노라고 시험 준비를 핑계 삼았다. 실제로 시험에 합격하면 로스쿨에 갈 생각도 있었다. 취업 전선에 바로 뛰어들 준비가 돼 있지 않아서이기도 했다. 전문대학원에 간다면 사회로 진출하는 시간이 좀 더 유예될 거란 생각이 들었다. 하지만 로스쿨 시험 성적이 형편없게 나왔다. 다행스러운 일이다. 법조인이 되기도 어렵지만, 법조인은 내 적성과는 전혀 맞지 않다는 것을 기자라는 직업을 갖고 나서 깨달았다. 로스쿨을 나와서 변호사시험에 합격하지 못했거나 간신히 합격해서 법조인이 됐더라도 지금쯤 고통 속에 하루하루를 보내고 있을지 모른다. 로스쿨 시험을 볼 때 시험 점수가 형편없어 기분이 나빴지만, 적성에 맞는 일로 인도되는 과정이었다는 생각에 안도감이 든다.

그렇게 20대의 마지막 1년의 '자칭 백수' 기간이 지나고, 덜컥 서른이 되니 어떤 핑계도 댈 수 없었다. '30대 백수'를 향한 사회적 시선이 따가웠다. 서른이 된 1월 1일 '이젠 뭐라도 해야겠다'는 생각이 번쩍 들었다.

그때 내린 '언론사 시험 도전'이라는 결론도 사실 모범 답안은 아니었다. 20대도 아니고, 서른이 돼서 이런 기약 없는 시험 준비를 시작했으니 말이다. 고향에 계신 부모님은 서울로 대학 보낸 아들에 대한 기대가 컸다. 어느 기업이든 원서라도 한번 넣어보는 것이 소원이었던 부모님의 바람을 마지막까지 충족해 드리지 못했다.

언론사 시험은 합격을 장담할 수 없는 불확실성이 크다. 열심히 준비한 사람이 꼭 붙는 것도 아니고, 대강 준비한 사람이 꼭 불합격하는 시험도 아니다. 당연히 열심히 준비한 사람이 붙기도 하고 대강 준비한 사람이 떨어지기도 하지만 합격은 준비 분량에 비례하지 않는 시험인 것만은 분명하다.

언론사 시험은 불확실성이 컸지만, 내 통장 잔고는 확실성을 갖추고 있었다. 통장 잔고에서 월세가 빠져나가는 날이 언제인지가 명확했다. 전역하면서 얻은 보증금 500만 원에 월 30만 원 하는 월세집, 매달 월세가 빠져나갈 땐 살점이 떨어져 나가는 기분이라고 표현하는 게 적합할 것이다. 장교로 복무하면서 모아놓은 돈이 바닥을 향해 달려가고 있었다. 1년이 넘은 백수 생활로 월세와 생활비 등으로 지출하면서 잔액이 얼마 남지 않았다. 월세는 어떤 사정 고려도 없이 매달 꼬박꼬박 빠져나가는 성실함을 잃지 않았다.

월세는 전세와 달리 체감도가 크다. 특히 수입이 일절 없는 백수가 느끼는 체감도는 상상 이상으로 직장인의 그것보다 훨씬 더하다. 입금 없이 출금만 있는 통장은 하락 곡선만 그렸다. 내 인생도 그 곡선을 따라 아래로 내달리는 기분이었다. 언론사 시험에서도 계속되는 낙방 소식을 들어야 했다.

서른에 합격하지 못하면 월세를 감당할 재간이 없었다. 방을 빼서 보증금이 없는 고시원이나 좀 더 열악한 자취 생활로 퇴보해야 할 판이었다. 보증금이 없는 곳으로 이사하면 기존 보증금 500만 원을 확보해서 반년, 혹은 1년쯤은 더 버틸 수 있기는 했다. 하지만 그러고 싶지는 않았다. 스무 살 서울로 올라온 뒤 9년 만에 처음으로 보증금이 있는 월세에서 살게 됐는데 여기서 물러서면 안 될 것 같았다. 한 발 물러서면 왠지 영원히 전진하지 못하고 낙오할 것만 같았다. 불안한 마음은 연쇄 반응을 일으켜 언론사 시험이고 뭐고 직장도 구할 수 없을 것 같은 생각이 들었다.

주거란 이처럼 단지 잠자고 생활하는 차원을 넘어 내가 지금 어디에 와 있는지, 앞으로 어떤 길로 가게 될 것인지를 가늠하는 인생의 기준점과도 같은 역할을 하더라. 생존, 지향점과도 연결되는 의미를 지닌다.

퇴보하지 않겠다는 '주거 배수진'을 친 효과 덕분일까. 서른이 돼서 시작한 언론사 시험을 서른을 넘기지 않고 그해 말 합격할 수 있었다. 내 나이 서른, 그해 참 별 게 많았다.

예비부부의 전셋집 구하기, 대출부터 발품까지

직업을 갖게 되고 1년 후 결혼했다. 언론사에 들어가서 6개월의 수습 기간, 정식으로 부서를 배치받고 나머지 6개월 동안 벌어봐야 얼마나 돈을 모을 수 있었겠나. 그래도 신혼집은 전세로 알아봤다. 월세가 매달 빠져나가서는 돈을 모을 수 없다는 아내의 철학 덕분이었다. 돈에 대한 개념이 별로 없을 때였지만 아내 이야길 들어보니 매달 집세가 빠져나가는 건 가계엔 큰 부담이요, 그 돈을 내고 나면 정말 모을 돈이 얼마 되지 않을 것 같았다

수중에 있는 돈은 둘이 합쳐 1000만 원이 조금 넘는 수준, 사실상 무일푼. 나이 서른이 넘도록 뭘 했냐고 반문할지 모른다. 신랑 될 사람은 서른까지 마땅한 직업이 없었고, 간신히 서른을 넘기기 전에 취직해서 1년 만에 결혼한 터라 돈을 모을 시간이 없었다고 변명해본다.

신부 될 사람은 대학원을 마친 뒤 교사가 돼 결혼 때까지 3년 정도 일하기는 했지만, 대학과 대학원에 쏟아부었던 학자금 대출을 매

달 갚아 나가야 했다. 결혼 직전까지도 그 빚이 남아 있었던 기억이 난다. 게다가 당시만 해도 아내 집안 사정이 어려울 때라 돈을 저축할 형편이 안 됐다.

둘이서, 서울 땅에서, 구할 수 있는 전셋집이 그리 많지 않았다. 하지만 보증금 없는 월세, 아니면 보증금 달린 월세에서만 살다가 전셋집을 알아본다는 그 자체로 뭔가 이룬 것 같은 뿌듯함이 있었다.

기자와 교사, 나름 쉽게 되기 어려운 직업을 가진 두 사람이 만나 이렇게 무일푼으로 신혼 생활을 시작했다. 주변에 기자든 교사든 비슷한 직업군을 가진 사람들이 신혼집을 구하는 무용담을 듣다 보면, 우리 부부와는 좀 다른 세상에 사는 것처럼 느껴질 때가 있다. 우리 부부는 확실히 범상치 않은 신혼 생활을 시작한 것이다. 헝그리 정신이 신혼 생활에 커다란 자양분이 됐다.

대출 알아보기 • •

전셋집을 대강 4000만~8000만 원 정도를 목표로 두고 전세자금 대출을 알아봤다. 국가에서 지원책을 썼기 때문에 은행마다 신혼부부를 위한 전세자금 대출 상품이 있었다. 수중에 있는 1000만~2000만 원을 감안해 대출받아 구할 수 있는 전셋집 한도를 살펴보니 5000만 원 안팎이었다. 무리해서 자체적으로 돈을 마련하면 7000만~8000만 원 정도의 전셋집도 구할 수 있을 것 같았다. 하지만 최대한 5000만 원 이하 집으로 알아보고, 정 안 되면 대출을 더 받아보기로 했다. 돈이 많으면 선택지가 넓어 편하게 고를 수 있었겠지만 헝그리 정신은 발품으로 연결된다. 싼 가격에 최적의 조건을 고르려면

발로 뛰는 수밖에 없었다. 그 결과 무리하지 않게 4500만 원 전세를 얻었다. 반지하였지만 우리 부부 모두 만족할 만한 안락함을 갖춘 집이었다.

신혼부부를 위한 전세자금 대출을 알아보면서 재밌는 요소를 발견할 수 있었다. 전세자금 대출을 받으려고 은행에서 상담을 하니 두 가지 중 하나의 증빙 자료를 제시하면 된다고 했다. 그중 하나는 청첩장, 또 다른 하나는 혼인신고 증빙 서류였다. 혼인신고 서류는 이해가 확실히 되는데 청첩장을 제시하는 건 왠지 좀 헐렁한 방법이란 생각이 들었다. 청첩장은 프린트 정도만 이용해도 충분히 인쇄할 수 있지 않을까. 굳이 결혼하지도 않는데 급전이 필요한 누군가가 서류를 조작하고자 마음먹는다면 못할 짓도 아니란 생각이 들었다. 물론 청첩장 외에도 추가로 증명해야 할 요소가 있었을 것이다. 그때 우리 부부는 혼인신고를 택했기 때문에, 청첩장을 제시했을 때 추가로 증빙해야 할 것이 있는지는 확인하지 못했다.

혼인신고를 증빙 서류로 택한 이유는 결혼까지 몇 달 남은 상태라서 청첩장을 만들기는 시간이 너무 일렀기 때문이다. 대출을 위해 서둘러 청첩장을 찍느니 그냥 편리한 혼인신고를 택하기로 했다. 혼인신고. 결혼하고 나서도 한참 있다 하는 부부도 있다는데 우린 어차피 결혼하고 부부가 될 건데 늦출 이유가 없다 싶었다.

혼인신고는 절차가 참 간단했다. 서류를 미리 작성해서 도장 들고 구청에 가서 뚝딱 찍고, 신고하면 끝났다. 혼인이라는 게 법적으로는 이렇게 쉬운 거다. 결혼식도 요란 떨 필요 없이 이렇게 간단하게 끝내면 될 일이다. 혼인신고를 하고 몇 달 뒤 실제로 우리 부부는 결혼식도 간소하게 했다. 혼인신고도 결혼식도 뭐 대단한 것처럼 떠벌리지 않는 이상 쉽게 치를 수 있다는 걸 알았다.

전셋집 구하기 • •

같은 가격에 그나마 괜찮은 집을 구하는 일은 부지런히 돌아다니면서 많이 보고 다각도로 비교해보는 게 제일이다. 우선 거점을 정해야 한다. 서울에서 그나마 가격이 싼 동네를 물색했다. 누군가 서울 노량진동을 추천했다. 학원가로 유명한 노량진엔 학생과 각종 공무원 시험 준비생만 사는 게 아니었다. 학원가를 약간 벗어나니 주택이 밀집한 동네가 나왔다. 그렇게 노량진과 나는 시험이 아닌 주거로 첫 인연을 맺게 됐다.

주말에 부동산 아저씨와 함께 노량진 곳곳을 누볐다. 학생들이 많아서 물가가 싼 편이었고, 무엇보다 커피 가격이 저렴한 게 마음에 들었다. 커피 값이 평균 2000~3000원, 어떤 곳은 아메리카노가 1500원 하는 곳도 있었다. 원두의 맛은 그때만 해도 내게 큰 고려 대상이 아니었다. 첫인상이 나쁘지 않았다. 동네가 마음에 들었다. 이제 맘에 드는 집만 발견하면 됐다.

4층 건물의 옥탑방이 눈에 들어왔다. 4층까지 오르락내리락하기 힘들어 보였지만 옥탑방치고는 깨끗했다. 계약하기 위해 집주인을 만났다. 머리가 백발인 노파는 전세자금 대출로 전세 계약을 한다고 하니 단번에 거절했다. 당사자 간의 거래에 외부인, 즉 은행이 끼는 게 싫다는 이유였다. 전세자금 대출은 은행이 대출금을 주인 계좌로 직접 입금하고, 세입자가 잔금을 처리하는 방식이다. 별로 복잡할 것도 없었는데, 주인과 세입자 간의 직접 거래를 원하는 노파의 철학에 신혼집 구하기가 1차로 막혔다.

다시 발품을 팔았다. '거기 아니면 집이 없나' 더 좋은 집이 있을 거라는 기대. 집을 탐색하다 보면 아쉬운 부분들이 꼭 하나씩 있었다. 다른 집에 비해 좀 넓다 싶으면 어둡고, 밝다 싶으면 지저분하고, 무난하다 싶으면 하수구에 하자가 있고, 이런 식이었다. 목돈이 좀 있어야 좋은 집을 구할 수 있다는 당연한 이치를 다시금 깨닫는 순간이었다. 돈이 궁한 우리에게는 '좋은 집'을 구하기보다 '조금이라도 덜 아쉬운 집'을 찾는 게 중요했다. 언젠가 돈을 좀 더 벌어서 좋은 집에서 살겠다는 다짐도 생겼다.

아늑하고 포근해 보이는 느낌의 집을 찾았다. 다가구주택 반지하였지만 넓은 게 맘에 들었다. 20대 때부터 좁은 데서만 살아봐서 넓은 집이 눈에 들어왔다. 방 2개에, 거실이라고 할 정도는 아니었지만 부엌에 공간이 좀 있는 편이었다. 화장실만 좀 낡았다. 그것까지 만족한 집을 찾으려면 전세금 몇 천은 더 줘야 하기에, 좋은 집에만 집중했다.

그 집 주인은 처음 만났던 노파와 달리 전세자금 대출에 거부감이 없었다. 오히려 젊은 사람들이 부모 도움 없이 스스로 생활을 이끌어가는 모습을 좋게 봐줬다. 그 집에 원래 전세 살던 아주머니는 집을 보러 간 우리 예비부부에게 "이 집에 더 살고 싶은데 아들 가족이랑 합쳐야 해서 이사해야 한다"고 아쉬워했다. 그 아주머니는 이 집에서 7년을 살았는데 주인이 전세금 올려 달라는 소리를 한 번도 하지 않았단다. 좋은 주인 만나는 것도 복이라고 하던데 맞는 말이었다. 우리는 그 집에서 4년 반을 살면서 전세금을 한 번도 올리지 않고 살 수 있었다.

당시 내 주변의 누군가는 내 전세 이야기를 듣더니 "요즘 4500만 원짜리 전세가 서울에 있느냐"며 놀라워했다. 눈높이가 꽤 높은 사람이다. 그는 반지하는커녕 신혼 생활을 할 때부터 부모님이 집을 마련해줘서 전세살이 한 번 해본 적 없는 이였다. 그에게는 우리 부부가 전세 4500만 원 중 3150만 원이나 신혼부부 대출을 받아서 냈다는 걸 말하지 않았다. 그러잖아도 눈이 동그래진 사람의 눈을 두 번 뜨게 할 필요는 없었으니까.

남들이 어떻게 보든 나에겐 20대 독립 후 처음으로 마련한 '집 같은 집'이었다. 거기서 우리 부부는 신혼을 보내며 애 둘을 낳았다. 그 집에 대한 좋은 추억이 가득하다.

양극화한 부동산업에 대한 생각 • •

우리가 만난 부동산 중개업자는 참 괜찮은 사람이었다. 내가 30대에 만난 부동산 아저씨는 서울에서 그나마 집값이 싸다는 노량진, 신림동 이쪽 분들이 전부였다. 집값으로 치면 제일 잘 나간다는 강남에 집을 보러 다닌 적은 없어서 '강남 부동산업자'를 만나보지는 못했지만 부동산업계 이야기를 들어보면 이 분야는 크게 두 부류로 나뉜다고 한다. 생계형과 투기형.

내가 만난 부동산 아저씨들은 한눈에 딱 봐도 생계형이었다. 여름 땡볕에도 월세와 전세를 구하는, 가끔 매매를 알아보는 사람들을 데리고 다니며 "하나라도 덜 아쉬운 걸 찾아야 한다"고 설득하는 분들이었다. 복비 끄트머리에 붙은 2만 원쯤은 음료라도 사 먹으라면서 거슬러주는 마음의 여유도 있는 분이었다.

요즘은 부동산 가게도 한 골목 건너면 나올 정도로 늘어났다. 한 달에 도대체 몇 개의 방을 중개해야 먹고살 만한 돈을 벌 수 있는지 모르겠다. 부동산업에 종사하는 사람들이 많아지면서 업계에서 파이가 점차 줄어드는 것 같다는 생각이 들었다. 집을 알아볼 때 나를 데리고 다니던 부동산업자는 여의치 않으면 연계된 다른 부동산에 연락해서 그 부동산에 들어온 매물을 소개하기도 했다. 아니면 처음부터 협정을 맺었는지 어느 집을 보러 갈 땐 다른 부동산업자도 동시 출격하는 경우도 있었다. 그렇게 구한 집은 일정 비율로 부동산소개비를 나눈다고 한다.

반면 내가 한 번도 만나본 적이 없는 투기형 부동산업자들도 있다. 이들에 대한 시선은 동서를 막론하고 그리 달갑지는 않은가 보다. 마이클 페럴먼은 부조리한 자본주의 모순을 지적한 『무엇이 우리를 무능하게 만드는가』(김영배 옮김, 어바웃어북, 2014)에서 "현대 경제 시스템에서 상당수 노동은 사람들의 행복을 증진시키지 못하는 소비재 생산에 헛되이 쓰인다"고 했고 대표적 예로 부동산 투기를 조장하는 부동산 중개업을 들었다. 그는 "미국 연방정부 추정치를 보면, 2008년에 부동산 중개업자는 12만 3000명, 부동산 판매 대리인은 39만 4000명에 이르렀다. 이사하는 일을 돕는 게 유용한 서비스이긴 하더라도, 1백만 명의 약 절반에 해당하는 숫자가 필요할까. 이 산업의 상당 부분은 부동산 투기에 일조하고, 이는 주거지 마련을 더 어렵게 만든다. 정보 기술의 엄청난 발전을 감안할 때, 부동산 사업에 얽혀 있는 다수의 노동은 확실히 낭비적이다"라고 주장했다.

마이클 페럴먼의 말마따나 상당수 서민의 행복을 증진하지 못하는 투기형 부동산업자는 얼마나 많은 돈을 벌까. 그들의 부 창출이 사회에 이바지하는 바가 과연 있을까. 근근이 생활을 영위해야 하는 생계형 부동산업자들이 도매금으로 욕을 먹는 건 아닐까. 생활이 각박해지면서 부동산중개업 자격증을 따려는 사람들이 많은 이때 생계형 부동산업자의 적정 파이를 유지하는 정책적 대안은 없을까.

서울에서 부산으로, 주말부부의 추억

만남과 헤어짐을 말할 때 '어차피 헤어질 것 뭐 하러 만나느냐'와 같은 어리석은 말은 연휴나 휴가에도 적용된다. 휴가를 시작하면서 어차피 아쉬움이 큰 마지막 날이 다가올 것이고, 그럴 거면 아예 휴가를 가지 않겠다는 논리와 같다. 휴가의 마지막을 안다고 해도 주어진 하루하루에 집중하고 후회 없이 휴식을 취하며 의미 있게 시간을 보내는 게 중요하지, 미리 끝날 날을 생각하는 것은 어리석다. 만남 역시 만남 뒤에 필연적으로 오게 되는 헤어짐의 충격을 미리 염려해서 만남을 소홀히 해선 곤란하다. 만남이 깊을수록 헤어짐의 공허함, 상실감이 큰 것은 당연한 이치다. 그게 두려워 만남을 소홀히 한다면, 그런 것을 염두에 둔 만남이라면 인간관계가 겉도는 데서 발전이 없을 것이다.

신혼 초 주말부부의 추억은 만남과 헤어짐의 연속으로 기억된다. 만날 때 어떤 마음가짐을 가져야 하는지 헤어질 때는 또 어떠해야 하는지 충분히 연습했던 시간이다. 결혼할 때 내 직장은 서울, 아내 직장은 부산이었다. KTX가 서울과 부산을 왕복한다고 하지만 두 도시는 참 멀었다. 첫째가 태어나면서 아내가 육아 휴직에 들어가기까지 1년 정도를 우리는 주말부부로 지냈다.

금요일 퇴근 후 버스를 타고 서울역으로 가서, KTX를 타고 부산에 내려서, 다시 지하철을 타고 아내의 자취하는 집까지 가려면 서너 시간은 족히 걸렸다. 도착하면 밤. 온종일 함께 보낼 수 있는 시간은 토요일 하루뿐이었다. 일요일에는 또 서울로 올라와야 했다. 토요일 하루가 아까웠다. 부산에서 가볼 만한 곳을 정하고 그 위치를 거점으로 식사를 하고, 신혼의 데이트를 즐겼다. 만남의 깊이와 헤어짐의 슬픔은 비례했다. 다음 주에 다시 찾아올 만남을 기약하는 것은 잠시의 아쉬운 작별을 극복하는 힘이 됐다.

몇 년을 주말부부로 지내다 보면 만남과 헤어짐에 익숙해질지 모르지만, 한창 애틋할 신혼 때, 결혼 1년도 안 되는 시기에 이런 패턴의 반복은 말 그대로 애가 타는 일.

서울에 있는 집이 우리 부부의 신혼집, 아내가 혼자 생활했던 부산의 집은 자취집이라고 표현하는 게 맞겠다. 서울 집이 전세로 들어가 있어 부산에 있는 아내의 자취집은 보증금을 댈 여력이 없었다. 어쩔 수 없이 전세가 아닌 월세로 충당했다. 월세 나가는 돈도 아깝다며 아내는 허름한 집을 구했다. 길가로 문이 나 있고, 그 문을 열면 시멘트 바닥으로 된 작은 부엌이 나오고 거기서 문을 한 번 더 열고 들어가면 방과 작은 화장실이 달린 월세였다.

서울로 올라오는 일요일이면 허름한 집에 홀로 남겨진 아내가 걱정이 됐다. 열쇠 하나만 따고 들어가면 되는 문을 생각하면 치한이 우려됐고, 낡은 화장실에서 풍겨 나오는 뭔지 모를 쾨쾨한 냄새가 거슬렸다. 게다가 아내는 홀몸도 아니고 아이를 배고 있었기에 더 마음이 쓰였다. 그러면서도 떡 하니 원룸 하나 부산에 따로 마련할 형편은 안 됐다. 아내는 그런 것을 원치도 않았다.

만남의 기쁨이 크고 헤어짐의 아쉬움이 더 애틋했던 건 그런 주거 환경의 영향이 컸다. 아내 혼자 남겨뒀던 부산의 그 허름한 자취집이 잊히질 않는다.

‘바퀴벌레 군단’의 습격

신혼을 반지하에서 시작했지만 감사했다. 결혼 전에는 단칸방을 벗어나 본 적이 없는 부부다. 고시원과 자취 · 하숙, 달동네와 단칸방 주택을 전전하고 가끔 누군가의 갖춰진 원룸에서 신세를 지면서도 20대는 당연히 그렇게 살아야 한다고 생각했다. 그런 만큼 방 2개에 화장실, 부엌이 달린 다가구주택 반지하 신혼집이 우리에겐 과분했다.

원체 몸도 튼튼, 마음도 튼튼한 부부였기에 빛이 잘 들지 않는 반지하라 해도 몸에 이상 징후가 크게 나타나지 않았다. 주택이 옹기종기 밀집해 있는 데다 또래 아이를 키우는 집이 많다 보니 자연스레 이웃 간 교류하면서 정도 생겼다. 서울인 듯 서울 아닌 시골 같은 면이 있었다.

이런 장점에도 아이가 성장하면서 아쉬운 점이 하나둘 불거졌다. 태어나서 몇 년간을 이 집에서 보낸 첫째 아이는 비염 탓에 날마다 잠을 설쳐야 했다. 처음엔 어린아이에게 으레 나타날 수 있는 현상이라 생각했다. 면역력이 약한 아이가 커가면서 저절로 치료될 거라고 봤다. 아이 성장에 환경이 중요하다는 생각을 제대로 하지 못한 우리 부부의 둔감증은 결정적으로 '바퀴벌레 군단' 사건을 겪으면서 깨지게 됐다.

바퀴벌레가 간헐적으로 발견될 때만 해도 그러려니 했다. 그러던 어느 날 이 녀석들이 두드러지게 눈에 띄기 시작하는 것 아닌가. '목격 빈도'가 증가했고, 한 번 목격할 때마다 보게 되는 '마릿수'가 예사롭지 않게 늘어갔다. 바퀴벌레는 아무리 애정 어린 시선으로 바라보려고 해도 그게 잘 되지 않는다. 어린 시절 시골에서 온갖 곤충을 잡으며 놀았고, 아내 역시 시골에서 자라 웬만한 벌레가 나타나도 눈 하나 꿈쩍하지 않는 편이었지만 바퀴벌레는 예외였다. 이 녀석들은 볼 때마다 몸서리가 쳐졌다.

단순히 비위 문제에서 그칠 게 아니었다. 바퀴벌레가 떼 지어 집 안 구석구석을 돌아다닐 것이 불 보듯 뻔한데 불결한 위생은 말할 것도 없었다. 어느 날엔 외출 뒤 집에 돌아와 불을 켜는 순간(낮이라도 반지하이기 때문에 빛이 귀했다.) 손톱만 한 크기의 바퀴 수십 마리가 방 안을 활보하다가 잽싸게 흩어지는 장면을 목격했다. 머리칼이 쭈뼛쭈뼛 서고, 살갗에 도돌도돌 변형이 왔다. 압력밥솥이 놓인 수납장 상단에 종종 김이 서리는 곳은, 나중에 보니 바퀴벌레의 집결지였다. 그들에게 그만한 서식처가 따로 없었다.

반지하 집에서 바퀴벌레와 관련한 에피소드는 넘쳐났다. 한번은 전기압력밥솥이 고장 나 서비스센터 직원을 불러서 AS를 받은 적이 있다. 그 직원이 와서 밥통 뚜껑을 분해하는 순간, 밥솥의 비좁은 구멍을 타고 눌어붙어 있는 수십 마리의 바퀴 시체들. 붕어 잡을 때 쓰는 통발의 원리처럼 바퀴벌레 역시 조그만 밥통 구멍으로 들어가긴 쉬웠겠지만, 빠져나오질 못했나 보다. 센터 직원과 눈이 마주칠까 민망했다.

우리 가족의 소중한 공간을 위협하는 녀석들을 더는 지켜볼 수 없었다. 주거 환경이 아이와 우리 가족의 건강을 정면으로 위협하고 있다는 사실, 그 지경이 돼서야 비로소 깨닫게 됐다.

바퀴벌레와의 전쟁 시작.

하지만 저항이 만만찮았다. 그들은 죽어도 죽은 게 아닌, 짓밟히고 짓이겨져도 새로이 일어나는 놀라운 생명력을 가진 존재였다. 결국 우리는 자체 수습에 손을 들고 인터넷을 검색해 바퀴벌레 퇴치 업체를 불렀다. 박멸업자는 수년의 노하우를 자랑하듯 야심만만하게도 "2주 뒤면 소탕될 겁니다"라고 했다. 업자의 자신감에 괜한 신뢰가 갔다. 그 장담을 철석같이 믿고 2주의 시간이 빨리 가기를 기다렸다. 하지만 한번 탄력받기 시작한 그들의 번식력을 막기엔 업자의 약품도, 그의 호언장담도 역부족이었다.

한 달쯤 뒤 박멸업자에게 다시 연락했다. 그도 자신이 내뱉은 말이 민망했던지 겸연쩍은 목소리로 '여기가 워낙 오래된 집이라…'고 하면서 반값으로 다시 온 집 안 곳곳에 약을 놓고 갔다. 그렇게 박멸업자가 두 번이나 다녀가고 난 뒤에야 겨우 바퀴벌레의 생명력이 잠시 멈추는 느낌이었다. 정지가 아닌 일시 정지에 불과했지만.

집에 들어오는 햇볕의 양과 바퀴벌레 분포도는 반비례한다. 반지하를 탈출하고 나서 보니 이 상관관계가 참 크다는 걸 알게 됐다.

햇볕의 가치는 주거에 있어서 생각보다 중요한 요소였다. 사람은 햇볕을 받아야 한다. 단순히 햇볕을 쬐면 생성되는 비타민 D 때문만이 아니다. 햇볕은 피부, 면역력, 뼈 등 신체의 모든 부위에 영향을 준다. 그뿐인가. 햇볕이 없는 인생은 우울하다. 대체로 우울증을 앓는 이들이 햇볕을 멀리하는 경향이 있다고 한다.

햇볕은 누군가에게는 때때로 부귀영화보다 더 귀한 존재로 여겨지기도 했다.

서양 최초의 걸인 철학자로 불리는 디오게네스는 그리스의 새로운 최고 사령관이자 부와 권력의 상징인 알렉산더가 찾아왔을 때에도 햇볕을 더 중시하는 모습을 보였다. 알렉산더가 그를 직접 찾아 갔다. 디오게네스는 많은 사람들이 다가오는 것을 보고는 몸을 조금 일으켰다. 알렉산더는 디오게네스에게 다정하게 인사하고 자기가 해줄 수 있는 일이 있는지 물어보았다. "내게서 햇볕을 가리지 않게 조금만 비켜 주시오." 철학자는 이렇게 말하고는 다시 돌아누웠다. 알렉산더는 "내가 알렉산더가 아니었다면 디오게네스처럼 되고 싶다"고 말했다.(『서양, 위대한 창조자들의 역사』, 이바르 리스너 지음, 김동수 옮김, 살림, 2005)

디오게네스는 손만 내밀면 부와 권력을 누릴 만한 기회가 있었지만 오히려 그것을 하찮게 여기고, 알렉산더가 햇볕을 가려 그늘이 지니 비켜달라고 요구한다. 디오게네스의 남다른 철학이다. 모든 것을 가졌던 알렉산더가 "디오게네스처럼 되고 싶다"는 말이 의미심장하게 와 닿는다.

디오게네스의 주거와 관련한 철학이 묻어나는 에피소드는 햇볕

외에도 더 있다. 어느 부자가 그를 자기의 호화주택으로 데려가 침을 뱉지 못하도록 하자 디오게네스는 그의 얼굴에 대고 침을 뱉었다. 침 뱉을 곳을 찾느라고 괜히 다른 곳을 두리번거렸다는 것이 디오게네스의 말이었다. 깨끗한 호화주택 어디를 둘러봐도 침 뱉을 곳이 마땅찮았던 찰나, 탐욕과 오만으로 가득 찬 졸부의 얼굴이 디오게네스가 침을 뱉기에 최적지였던 것이다. 졸부들은 마른하늘에서 침이 떨어지지 않을지 긴장해야 하지 않을까.

디오게네스도 그토록 갈망했던 햇볕, 그 볕이 귀한 반지하 집에서 겪었던 바퀴벌레 사건은 여름 한 철이었다. 하지만 비성수기인 다른 계절에도 바퀴벌레들은 우리 눈에만 잘 띄지 않을 뿐 분명 우리와 동거했음이 틀림없다.

비로소 우리가 살고 있는 주거 환경이 눈에 들어오기 시작했다. 면역력이 약한 아이들과 우리 가족에게 미치는 영향을 깨닫게 됐다.

이런 환경은 집 내부만의 문제가 아니었다. 집 주변 환경은 더했다. 나무 한 그루 찾아보기 어려운 다가구주택 밀집가였다. 골목마다 시멘트 길에다 아이가 맘껏 뛰어놀 공간도 부족했다. 가장 가까운 놀이터를 가려면 20~30분 정도는 걸어가야 했다. 가는 길에는 오토바이와 자동차가 수시로 지나 다녀 위험 요소가 곳곳에 도사리고 있었다. 오르막길이라 땀을 뻘뻘 흘리며 올라가야 하는 건 어린아이에게나 부모에게나 힘겨운 일이었다.

그런 신혼집에서 우리는 아이 둘을 낳고 키우며 4년 반을 보냈다. 밤새 코가 막혀 잠을 설치는 아이를 보면서, 하룻밤만이라도 편

결혼을 하고 아이를 키우면서

내 일신의 행복만을 추구하는 삶에서,

아이들의 행복을 고민하는 삶으로 바뀌었다.

주거를 선택하는 요소로 아이들이 제1순위가 되었다.

아이가 비염 탓에 날마다 잠을 설치는 보면서,

빈곤한 주거 환경에서 탈출하고픈 마음뿐이었다.

산 주변의 공기 좋은 곳으로 이사했다.

1년쯤 지나자 아이의 비염은 사라졌다.

우리 부부의 삶의 질도 동반 상승했다.

히 숨 쉬는 모습을 보는 게 소원이었던 적도 많았다.

주거 환경이 아이의 성장에 미치는 영향은 생각보다 크다. 좀 더 극단적으로 말한다면 부모의 경제력이 아이의 건강과 직결되는 것이다. 돈이 부족해 아이들을 건강에 취약한 환경에서 키우는 것만큼 부모로서 안타까운 일이 또 있을까. 내 몸만 생각하면 됐던 20대 청춘이 아니었다.

'바퀴벌레 군단 사건'은 나와 우리 부부에게 주거 투쟁의 확실한 동기 부여가 됐다. 정든 곳이었지만 결국 도망치듯 이사했다. 맘씨 좋은 집주인이었지만 "왜 하필 세입자를 들이기 힘든 한겨울에 나가느냐"고 했다. 우리의 상황을 설명할 여력이 없었다. 다만, 빈곤한 주거 환경에서 탈출하고픈 마음뿐이었다. 산 주변의 공기 좋은 곳으로 이사했다. 1년쯤 지나자 아이의 비염은 사라졌고, 감기는 더 이상 일상사가 아닌 연례행사가 될 정도로 아이들은 건강을 찾았다. 우리 부부의 삶의 질도 동반 상승했다.

당시 우리 가족을 위협했던 그 바퀴벌레 군단은 지금 어떤 모습일까. 그들의 생명력이라면 온갖 약품의 포격이 와도 싹쓸이 당했을 확률보다 지금도 번식을 이어갈 확률이 커 보인다. 규모가 군단에서 군사령부급 정도로 격상한 것은 아닐까. 군단이든 군사령부든 우리 가족의 사례처럼 바퀴벌레로 인한 추가 피해자가 면역력이 약한 어린아이는 아니길 바랄 뿐이다.

주거 낭만에 대하여, 반지하에서 하는 그림자놀이

빛은 주거에 필수적이다. 이사에서 빛은 주요 고려 대상이 된다. 이사를 하는 일련의 과정은 어떻게 보면 빛이 적은 데서 많은 데로의 이동이라 해도 과언이 아니다. 특히 도심에서 다닥다닥 붙은 주택가나 옆 단지가 가까이 바라다 보이는 빼곡한 아파트 단지에서 빛은 귀한 존재다.

주거에 있어서 빛은 돈이다. 빛이 잘 드는 고층 아파트 전세 · 매매 가격이 저층보다 비싸다. 빛의 많고 적음에 따라 가치가 달라진다. 빛은 빛 자체로도 귀중하지만, 돈으로 책정되는 가치이기에 애착을 보일 수밖에 없다.

빛은 태양에서 출발해 광활하게 뻗어 '아낌없이 주는' 속성을 지녔는데, 이를 대하는 인간의 마음은 이기적이다. 빛을 좀 더 받고자 조망권을 침해하면서까지 경쟁적으로 건물을 올리고, 일조권을 놓고 여기저기서 분쟁이 일어난다.

스토아학파 철학자이자 로마 황제였던 아우렐리우스는 빛에 대한 이기적인 인간의 애착을 그의 저서 『명상록』에서 다음과 같이 잘 표현했다.

> "우리는 햇빛을 두고 흔히 '햇빛이 쏟아져 내린다'고 말하지만 사실 햇빛은 사방 천지로 퍼져나가는 것이다. 하지만 이는 액체나 가루처럼 퍼져나가 사라지는 것이 아니라, 실처럼 줄줄 내려온다. 이런 연유로 우리는 태양이 내뿜는 빛줄기를 광선이라 부른다. 햇빛의 이러한 성질을 알아보려면 어두운 방으로 스며드는 빛줄기를 좁은 구멍을 통해 관찰해보라. 가녀린 빛줄기는 곧게 틈사이로 들어오다가 방해물과 맞닥뜨리면 그곳에 머문다. 빛은 장애물과 맞닥뜨렸다고 해서 쓰러지거나 추락하지 않는다."(『명상록』, 마르쿠스 아우렐리우스 지음, 키와 블란츠 옮김, 다상, 2014)

집의 가치를 중요하게 여기는 현대인들은 햇빛 자체를 내 집에 쏟아져 내리는 빛줄기 정도로 의미를 국한한다. 햇빛은 사방 천지로 뻗어 무한대로 비치지만 집에서 햇빛을 맞이하는 우리는 그 빛을 고작 몇 뼘, 몇 팔 되지 않는 창으로 내리쬐는 광선쯤으로 인식하는 것이다. 인간의 사고가 얼마나 편협하고 제한적인가.

빛을 대하는 아이들의 자세는 어떨까. 우리 아이가 말문이 막 트였을 무렵을 되돌아보면 햇빛 자체보다 햇빛이 파생해내는 그림자에 우선 관심을 보였다. 그림자는 햇빛이 없이는 절대 생성될 수 없는 부수적 존재다. 하지만 아이들은 그림자를 마치 독립적 창조물로 받아들이는 것 같다. 아이는 그림자의 근원인 빛보다 그리고 물체보다도 그림자에 더 큰 관심을 둔다.

그러다가 점차 그림자가 스스로 존재할 수 없다는 걸 깨닫는다. 물체가 움직일 때마다 그림자가 거기 맞게 변형되는 모습을 보면서다. 비로소 부수적 존재보다 본질이 중요하다는 걸 알게 된다. 그림자는 큰 힘이 없고, 그림자를 생성한 물체가 더 힘이 세다는 이치를 말이다. 물체가 이리 움직이면 그림자도 따라 움직이고, 저리 움직이면 그림자가 아무리 저항해도 따라갈 수밖에 없다. 객체가 아닌 주체의 힘이다. 주체가 이리저리 움직일 때마다 피조물인 그림자가 즉각 순응하는 모습에 아이는 한껏 매력을 느낀다.

집에 빛이 만연하다면 그림자에 대한 감흥이 덜할 것이다. 하지만 우리 부부가 신혼 생활을 했던 집은 달랐다. 대부분 시간은 형광등 불빛 없이는 어둑어둑했기 때문에 천연의 빛이 만들어내는 그림자를 볼 기회가 적었다. 천연의 빛이 귀한 집에서 그림자는 귀한 손님 대접을 받았다. 낮 한때, 숨어 있던 그림자가 방 안에서 고개를 들며 서서히 일어났다 '그림자 놀이'를 즐길 수 있는 황금 시간대였다.

아이는 창을 밀고 들어오는 빛을 등지고 서서 손을 휘저어 보기도 하고 고개를 갸우뚱거리며 저를 따라 움직이는 그림자 만드는 재미에 빠진다. 그림자의 유효기간이 짧다는 사실을 안 아이는 좀 더 오랜 시간 그림자를 간직하고 싶었나 보다. 평소 즐겨 가지고 놀던 장난감 병정들을 꺼내오더니 내리쬐는 빛을 따라 일렬로 세운다. 장난감 병정들은 몸을 비틀고 싶은 유혹을 거뜬히 이겨내며 아이의 작전 지시라도 받은 듯 꿈쩍도 하지 않는다. 병정들이 그림자를 진득하니 일렬로 생성한다. 자신을 세운 아이의 의도에 걸맞은 충성도를 보인, 의리 있는 병정들이다.

빛이 사라지는 약속된 시간이 금세 다가왔다. 아이는 그림자와 작별했지만, 내일이면 다시 돌아올 것을 안 아이는 엄마 아빠에게 장난감 병정을 "그냥 놔둬"라고 귀엽게 엄포를 놓는다. 방 안에서 병정들은 자신의 자리를 지킨다. 하루가 지나자 약속이나 한 듯 빛이 다시 들었고, 예고했던 대로 그림자는 다시 병정을 등에 업고 아이를 찾아왔다.

창가 옆 빛이 들어오는 운치 있는 한두 평의 공간, 우리 부부는 이곳을 아이의 '그림자 놀이터'라고 명명했다. 어른은 햇빛의 의미를 이기적으로 받아들이고, 아이는 햇빛이라는 본질보다 부수적 존재인 그림자에 더 관심을 둔다. 인간은 아이나 어른이나 이처럼 본질에 집중하지 못할 때가 많다.

이사 목표

아이들의 건강을 위해 반지하를 탈출해야 했다. 무일푼으로 신혼 생활을 시작한 우리, 그래도 우리 부부는 노력하면 열악한 주거 환경의 고리를 끊을 만한 잠재적 경제 능력은 갖추고 있었다. 하지만 도심에 살면서 그런 형편이 되지 않는 가구가 상당하다. 탈출하고 싶어도 현실의 벽에 부딪혀 벗어나지 못하는 것이다. 우리 주변에는 너무나 많은 '현대판 주거 대물림'이 일어나고 있지 않은가. 이런 주거 대물림은 빈곤층, 극빈층으로 갈수록 심하다.

한겨레와 한겨레경제사회연구원이 공동기획한 '주거 빈곤에 멍드는 아이들'(2017. 9. 20)을 보면 2015년 통계청 기준 주거 빈곤 규모는 만 19살 이하 전체 어린이 · 청소년의 9.7%에 해당하는 94만 4000명으로 나타났다. 최저주거기준 미달 78만 9121명, 최저주거기준은 웃돌지만 지하와 옥상 거주 6만 8000명, 쪽방이나 고시원 등 비주택 거주 8만 7000명 등이었다. 이 기획에서 제안했듯 아이들은 대부분의 시간을 집에서 보내고 성장기에 큰 영향을 받는 만큼 어린이 · 청소년 주거빈곤에 대한 정책과 관심이 필요하다.

이사를 계획하면서 목표는 단 하나, '공기 좋고 햇볕 잘 드는 곳'. 사실 처음에는 서울에 이런 공간이 있을 것으로 기대하지 않았다. 어느 날, 뜻하지 않은 만남이 우리 부부의 고정 관념을 깨주었다.

아이의 비염 치료를 위해 병원으로 가는 길, 나이 지긋한 택시기사가 우리의 목적지가 유아전문한의원이라는 것과 아이가 비염으로 고생하고 있다는 자초지종을 듣고는 본인의 경험담을 들려주었다. "우리 아이는 아토피와 천식이 심해서 눈두덩이가 검붉어질 정도였는데 관악산을 끼고 있는 ○○○ 아파트로 이사하고 나서 완전히 나았어요. 비염은 치료보다 주거 환경이 중요해요."

그날 밤, 우리 부부는 당장 포털 사이트에 들어가 그 지역을 검색했다. 지도로만 봐도 아파트가 관악산을 끼고 있어 공기가 좋을 거라는 확신이 들었다. 지도 위에 펼쳐진 산의 위치를 보니 직접 가보지 않아도 한눈에 알 수 있었다. 관심을 두지 않아서 그렇지 서울에도 분명 이런 곳이 있었다는 걸 몰랐을 뿐이다.

하지만 당장 그 아파트에 전세로 가기에는 무리였다. 돈이 부족했다. '플랜 B'를 가동해야 했다. 우선 '산 주변'을 찾으면 된다는 힌트를 얻은 게 큰 수확이었다. 인터넷 포털 지도에서 로드뷰를 켜고 며칠 동안 서울에 있는 산 주변 빌라와 다가구주택을 검색하기 시작했다. 4500만 원 반지하 전셋집에 4년 반 동안 살면서 나름 절약했더니 전세금 두 배 규모의 집으로 갈 만큼은 돈이 모였다. 돈이 배가 되니 선택지가 네 배 정도로 넓어지는 것 같았다. 이 맛에 사람들이 돈벌이에 열중하나 보다.

산 주변이라 해도 산으로의 접근성이 떨어지거나 차가 많이 다니는 도로가 가까이 있다면 탈락이었다. 산이 가까워도 해가 잘 들지 않는 빌라 저층이나 앞 주택에 해가 가릴 법한 주택도 배제했다. 한참을 인터넷 발품을 팔아 몇몇 후보지를 선정했고, 주변 부동산에 연락했다. 요즘은 부동산 검색이나 부동산 관련 애플리케이션이 잘 돼 있어서 굳이 현장에 가보지 않아도 후보군을 선정하는 정도까지는 크게 부족함이 없다. 부동산을 통해 후보지 중 몇 군데를 방문해 직접 눈으로 확인한 뒤 우리 기준, 즉 환경과 돈에 맞는 최적의 빌라 한 곳을 찾아냈다.

빌라 뒤쪽으로는 곧바로 산 진입로가 이어졌고, 앞쪽 창으로는 신림동 풍경이 시원하게 눈에 들어왔다. 여기까지만 보면 상당히 고가 전세라 생각할지 모른다. 하지만 싼 데에는 다 그만한 이유가 있는 법. '장단점은 항상 공존한다'는 법칙은 한정된 돈을 가진 세입자로서 30대가 돼 집을 본격적으로 알아보면서 깨달은 철칙 중 하나다.

산과 가까이 있다는 것은 다른 말로 하면 높은 곳에 위치한다는 의미다. 높다는 말은 집까지 올라가는 경사가 범상치 않다는 것을 뜻한다. 경사로를 오르내리는 것에 대한 망설임이 있었지만, 과감히 선택했다. 우리 부부가 정한 '공기 좋고 볕 잘 드는 곳'이라는 기준에 확실히 부합하는 집이었기 때문이다. 교통이 불편한 것은 내가 출퇴근에 좀 더 고생하면 될 일이다. 아이 둘 데리고 외출하기가 쉽지는 않겠지만 우리 부부는 젊고 아직은 비교적 튼튼한 다리를 가졌다. 감내할 만한 수준이라 생각했다.

장마철에는 곰팡이 스미는 눅눅한 곳에서 살다가, 이사한 곳은 아이들에게 넉넉한 빛과 맑은 공기, 집 주변에서 즐길 수 있는 흙 놀이를 맘껏 선물할 수 있는 집이었다. 더 이상 모래가 있는 놀이터에 가려고 20분 이상 걸어나가지 않아도 됐다. 이곳에서는 아이들이 날마다 뒷산에 올라 흙을 가지고 놀 수 있었다. 창밖으로 콘크리트 바닥이 아닌 풀과 꽃을 보며 계절의 변화를 느낄 수 있는 그런 집이었다. '또로로로로로' 하는 딱따구리 소리를 들을 수 있는 주거 공간이 서울에 과연 몇 군데나 될까.

햇빛 잘 들고
공기 좋은 집에 살았지만

관악산을 끼고 있는 빌라는 만족스러웠다. 햇빛이 넉넉했다. 이사를 잘했다고 자부할 수 있었다. 빛이 잘 드는 조건만 만족스러운 게 아니었다. 창틈으로 투과되는 청량한 공기는 '관악산 공기청정기'를 돈도 안 내고 맘껏 사용하는 기분이었다. 공짜는 어딜 가나 맘을 푸근하게 하는 힘이 있다.

시골에서는 주거 자체가 어디든 자연과 함께일 텐데 도심에서는 산 주변 주거 형태가 이리도 귀하다니. 도심에 살면서 얼마나 많은 것을 희생하고 있는지, 무엇을 위해 우리는 희생을 감수하며 살아가는지 돌아보게 된다.

이사한 곳은 산꼭대기라는 표현은 좀 과장이지만 산 중턱쯤에 위치한 건 분명 사실이었다. 탁 트인 풍경과 하늘, 마음이 절로 열렸다. 창밖으로는 새들이 날아다니는 모습이 수시로 눈에 들어왔다.

'창에 방충망이 없다면 질주하는 새들이 집으로 불쑥 들어올 수 있겠다'는 생각이 들 정도였다. 한번은 상상이 현실로 일어났다. 외출하고 왔더니 베란다에 까치 한 마리가 출몰해 있었다. 창과 방충망이 열린 틈으로 비행을 잘못해 베란다에 착륙했던 것이다. 저도 낯선 공간에서 얼마나 당황했겠나. 새의 존재를 가까이서 볼 수 있었다. 멀리서 볼 때야 친근한 까치였지 막상 가까이서 보니 징그러웠다. 생각보다 거대했다. 어떻게 수습해야 하나 고민하다가 베란다 문을 활짝 열어 젖혔다. 파닥거리는 녀석을 막대기로 몰아 간신히 내보냈다.

집 자체만 보면 도심에서 아이들을 키우기엔 더없이 좋은 환경이었다. 하지만 괜히 산 중턱에 위치하고, 공기가 시골에 버금갈 정도로 좋은 게 아니다. 집은 마을버스 종점에 내려서도 경사가 있는 길을 5~10분 걸어가야 나왔다. 이사하는 날, 이삿짐센터 직원들의 표정을 잊을 수가 없다. '이런 꼭대기에도 집이 있구나' 하는 놀란 얼굴이었다. 베테랑인 이삿짐센터 직원들 눈에도 이런 집은 낯설었나 보다. 집 앞쪽까지 이삿짐 차량이 올라와서는 차를 돌려서 이삿짐을 풀어야 하는데 차량을 돌리는 게 쉽지 않았다. 경사 때문에 짐을 잔뜩 실은 차량을 돌리기가 여간 어려운 게 아니었다.

좀 과장되게 표현하면 경사가 45~50도쯤 됐던 것 같다. 자가용으로 출퇴근하는 나는 눈 · 비라도 오면 멀리 고향에 있는 부모님의 걱정을 한몸에 받는 비싼 아들이 됐다. 어머니가 "눈 · 비 오는데 차가 올라가더냐"라고 하면 나는 "그럼요, 사람 사는 동네인데요, 다들 차 가지고 잘 다녀요"라고 안심 아닌 안심을 시켜드렸다.

이 집에 살면서 급경사로 인한 에피소드가 많다. 한번은 집들이로 몇몇 지인을 초대했다. 급경사 걸어 올라오느라고 고생하지 말라는 의미에서, 지하철에서 내려 택시 타는 법을 알려줬다. 택시가 집까지 올라오면 걷는 수고를 할 필요가 없었다. 그런 의도였거늘, 택시를 타고 온 그들은 내비게이션에 찍힌 우리 집까지 거의 다 왔다고 생각했는지 오르막 진입로에서 내렸단다. 택시를 탄 이유가 무색해진 상황이다. 그들은 그 더운 날, 경사로를 따라 걸어서 집에 올라왔다. 우리 부부가 등산로라고 표현했던 그 길을 따라 말이다. 집에 도착한 일행은 땀에 흠뻑 젖어 있었다. 그중 천식이 있는 한 명은 우스갯소리로 "생명의 위협을 느낄 정도였다"고 한다. 시작이 험난했지만 다행히 집들이는 별 탈 없이 마쳤다.

차를 몰고 왔던 어떤 손님은 경사로를 올라오다가 위협을 느껴, 집까지 올라올 생각을 접고 중간 어디쯤 주차한 뒤 걸어올라 왔단다. 차를 웬만큼 잘 몰지 않으면 초행길이 위협적인 집이다. 무더위에도 차를 끌고 오는 것보다 차라리 걸어 올라오는 걸 택했다고 할 정도니 무슨 말이 더 필요할까.

이런 단점은 우리 부부로만 보자면 사실 큰 문제는 아니었다. 오르고 또 오르면 오르막을 못 오를 리 없고 사뿐사뿐 조심조심 내려가면 내리막을 헤쳐 나가는 건 할 수 있는 일이었다. 하지만 잘 걷지 못하는 영유아기의 아이들을 동반하면 이야기가 완전 달라진다. 오르내림에 있어 가중치가 붙는다. 군대를 다녀온 사람이라면 행군할 때 군장이 있고 없음의 차이를 잘 알 것이다.

이곳에 이사 온 시점은 둘째 아이가 돌도 지나지 않아 잘 걷지 못하고, 첫째 아이는 겨우 제 앞가림을 할 정도로만 걸을 무렵이었다. 혼자서 아이 하나도 아니고 둘을 데리고 외출할 때가 가장 큰 문제였다. 주말은 아빠가 한 명, 엄마가 한 명을 각각 감당할 수 있어 그나마 낫지만, 아빠가 출근하고 없는 평일 외출은 엄마 혼자 어린아이 둘을 고스란히 책임져야 했다. 포대기로 둘째를 안고 첫째가 넘어질세라 한쪽 손은 큰아이에게 내준 엄마는 내리막에서 엉거주춤했다. 걸음걸이에 최적화된 자세가 나오기 어렵다.

첫째는 불만이 많았다. 동생은 업혀 가고 저만 걸어야 했으니 불만을 가진 게 당연했다. 엄마의 고생을 아이들이 알 리 없었다. 엄마는 몸도 힘들지만 이런 첫째의 떼쓰기까지 감당해야 했다. 엄마가 힘든 걸 알 만한 나이가 아닌데, 무작정 나무랄 수도 없는 노릇이다. 아이들이 놀이터에 맛을 들인 후로는 하루 두세 번 외출해야 하는 날도 있었다. 엄마의 허벅지가 날로 튼튼해졌다. 운동을 굳이 따로 할 필요가 없었다. 공기 좋고 햇볕도 잘 드는 데다 외출 자체만으로도 운동이 됐다. 급경사가 주는 장점이 없는 게 아니다. 하지만 결정적인 문제가 있었다. 무릎이었다. 아이를 안고 오르내리기를 반복하면 무릎이 제대로 버틸 재간이 없는 것이다.

그곳에서 우리는 좋은 것은 좋은 대로, 아쉬운 부분은 아쉬운 대로 1년 넘게 살았다. 엄마 무릎에 점점 부담이 쌓여갈 때쯤, 부담이 감당할 수준을 넘어갈 시점이 돼서 우리는 또다시 이사를 계획하게 됐다. 예상치 못한 일을 만났기 때문이다.

유치원 추첨, 경쟁의 서막

30대는 고려해야 할 것, 선택의 순간이 많다. 직장을 때려 치고 싶은 유혹과 충동이 들 때 현실을 냉정하게 파악해야 한다. 직장을 그만두고 살 수 있을까, 가족을 책임질 수 있을까, 대출을 갚을 능력이 될까. 미혼이라면 결혼은 해야 하는 것인지도 선택의 문제다. 선택은 희생이 따르기도 하고 탁월한 결정의 경우 희열이 동반되기도 한다. 아이를 키운다면 더 많은 선택지를 만나게 된다. 교육열이 하늘을 찌르는 세태 속에서 사교육 열차에 탑승해야 할지, 그걸 거슬러 나만의 방식으로 아이를 교육해야 할지도 선택의 문제다.

희생이나 희열, 어느 한쪽이 뚜렷하다면 쉽겠지만 때로는 이것이냐 저것이냐 애매한 선택지를 만나게 된다. 아이를 유치원에 보낼 때도 그랬다.

유치원은 5~7세 과정이 있다. 다섯 살이 되는 아이를 유치원에 보낼 것인지, 1년 더 집에 데리고 있을 것인지 고민했다. 뚜렷한 결론을 내지 못하고 있다가 접수 마지막 날이 돼서야 입학원서를 제출했다. 판단이 서지 않았지만 '품 안의 자식'으로만 생각했던 아이가 그래도 좀 컸는지 유치원이라는 곳에 대해 설명하니 관심을 보였다. 아이와 대화하던 중 유치원에 가고 싶어 한다는 걸 알게 됐고 그래서 원서를 넣은 것이다. 어느덧 대화가 통하는 나이가 됐다.

망설이며 지원했지만, 막상 원서를 넣고 나니 꼭 합격해야겠다는 생각이 들었다. 사람 마음이 참 간사하다. 어떤 선택을 할까 망설이다, 막상 결정을 하고 나니 그 길이 아니면 안 될 것 같은 간절함이 생겼다.

하지만 유치원 당첨이 그리 쉽지 않았다. 해마다 뉴스에서는 국공립 유치원 추첨 현장 소식을 전하는데 서울에서 심한 곳은 수십 대 일의 경쟁률을 보이기도 했다. 다행히 우리 동네는 주거 단지가 그리 많지 않아 2 대 1 정도의 해볼 만한 경쟁률이었다.

초등학교 병설 유치원 추첨 당일, 뉴스에서 왜 그렇게 떠들썩한지 실감 났다. 경쟁률이 높지 않았던 우리 동네에서도 아이들을 유치원에 보내고 싶어 하는 엄마, 아빠, 할아버지, 할머니, 이모, 삼촌들이 몰려왔다. 무슨 일이 벌어지는지도 모르는 천진난만한 아이들, 그들의 진로를 놓고 긴장하고 있는 어른들. 아이를 키우면서 뭔가 통과해야 할 관문을 만난 건 처음이었다. 괜히 긴장됐다. 강심장인 아내가 추첨 현장에 남았고, 나는 두 아이를 데리고 집으로 와서 결과를 기다렸다. 추첨 열기가 워낙 후끈후끈해서 긴장감이 감도는 현장에 오래 남아 있고 싶지 않았다.

추첨 결과에 따라 아이의 내년 한 해 진로가 결정된다고 생각하니 엄청난 갈림길에 선 기분이었다. 당첨되면 아이는 다섯 살 때 유치원을 다닐 것이고, 유치원 친구들을 만날 것이고, 단순한 보육을 넘어 교육을 받게 될 것이다. 떨어지면 그대로 집에서 시간을 보내든 아니면 어디든 대안을 찾아야 할 것이다. 추첨 하나로 아이의 1년 혹은 유아기의 진로가 좌우될 수 있다는 사실, 추첨 결과를 결정짓는 건 순간이었지만 갈림길은 확연히 차이가 난다. 어릴 때 갈림길에 들어선 1년이 아이의 장래에, 사고에 어떤 영향을 미칠까. 생각은 꼬리에 꼬리를 물었다.

유치원 입학을 앞두고도 이렇게 떨리는데, 언젠가 아이가 자라 맞게 될 대학 입시는 어느 정도일지 가늠하기 쉽지 않다. 수능 날 어떤 어머니들이 자녀가 시험 보는 학교 앞에서 기도하는 모습을 간접적으로나마 이해하게 됐다. 솔직히 예전엔 그 모습을 보면서 '왜들 이렇게 호들갑일까' 생각했었다. '될 놈은 되고 안 될 놈은 안 될 텐데 괜한 걸 한다' 싶었지만, 막상 학부모의 반열에 슬그머니 올라보니 단순한 문제가 아니더라. 물론 초등학교쯤 돼야 정식 학부모라 할 수 있겠지만, 합격 통보를 기다리는 부모가 돼보니 비로소 학부모의 세계로 접어들었다는 사실이 실감 났다.

'그래도 이건 참 너무 하네.' 이제 다섯 살이 되는 아이가 이런 관문을 거쳐야만 국공립 유치원에 다닐 수 있다니 말이다. 병설 유치원 추첨에서 떨어진 아이들은 다시 어린이집, 혹은 집에서 먼 유치원, 또 어쩔 수 없이 웃돈을 얹어가며 비싼 유치원을 다녀야 할 것이다. 5세 과정부터 대안을 찾아 울며 겨자 먹기 식으로 떠돌아야 한다. 믿고 맡길 어린이집이 궁하다는 걸 아빠가 돼서야 알게 됐다. 맞벌이를 하면 양가 부모님이나 이모와 같은 혈육이 아니고는 안심하고 아이를 맡길 곳이 없었다. 아이가 어린이집과 유치원 등에서 기초적으로 보육과 교육을 제공받아야 할 나이에 진입 문턱은 시작부터 이렇게 높다.

집에서 긴장하며 아이들을 보고 있는데 아내에게서 핸드폰으로 메시지가 날아왔다. "합격!" 뛸 듯 날 듯 기뻤다. 어떤 결과가 나오든 차분하게 받아들여야겠다는 지성인으로서의 다짐은 온데간데없이 자식의 합격 소식에 본능적으로 기뻐하는 아빠의 모습만 남았다. 막상 첫째 아이는 본인이 치열한 경쟁을 뚫고 유치원에 입학하게 됐다는 사실도 모른 채 장난감 놀이에 여념이 없다. 경쟁을 아직 모르는 나이, 부모가 대리인 자격으로 첫 경쟁을 치른 셈이다.

아이는 앞으로 다가올 수많은 경쟁을 직접 대면해야 한다. 아이가 맞게 될 치열한 세상에 대한 막막함, 현실과 동떨어진 육아 정책에 대한 회의감이 들면서도, 당장 눈앞의 당첨 결과에 안도하는 마음이란. 점점 부모가 되어가나 보다.

유치원 합격 후폭풍, 다시 이사를 단행하다

아이의 병설 유치원 합격 소식은 기뻤지만, 새로운 걱정의 서막이었다. 유치원 등 · 하원을 시켜야 할 텐데 걸어서 20분 거리, 더 큰 문제는 급경사를 오르락내리락 반복해야 한다는 것이다. "오르락내리락 반복해"(〈회상〉, 리쌍)라는 가사를 나도 모르게 중얼거렸다.

아이가 하나라면 어떻게든 급경사를 감당할 수 있겠지만, 세 살 된 둘째까지 데리고 유치원을 오가는 일이 만만찮아 보였다. 기쁨보다 고통이 크지는 않을지, 유치원에서 돌아오는 길이 힘에 부칠 것 같았다. 유치원 등 · 하원이 즐거워야 할 아이들이 경사로를 걷는 일로 힘들어할 것을 생각하니 아이가 어렵게 합격한 유치원이라 해도 잘 다닐 수 있을지 자신이 없었다.

이사를 다시 고민해야 했다. 지도를 또 펼쳤다. 유치원 반경 5~10분 거리가 후보지였다. 약간의 거리가 있더라도 지금 사는 집만큼의 급경사만 아니면 됐다. 신혼 반지하에서 처음 탈출했을 때 세웠던 '산 주변 공기 좋고 햇볕 잘 드는 곳'이라는 이사의 대원칙은 쉽게 포기할 수 없었다. 일단 산 주변의 시골스러운 자연환경에서 살아봤기 때문에 다시 산과 떨어진 삭막한 도심 분위기에서 살 자신이 없었다. 유치원에 가까우면서도 산에 인접한 곳으로 후보군을 좁히고 나니 생각보다 몇 군데 되지 않았다.

최적의 후보지에 위치한 아파트 하나가 눈에 들어왔다. 문제는 돈이었다. 살고 있던 빌라는 그렇게 무리한 대출을 받지 않고도 전세로 살 수 있었지만, 유치원 주변에 새롭게 물색한 아파트는 수중에 있는 돈으로는 한참 모자랐다. 과다한 대출을 피할 수 없었다.

새로운 목표가 생겼으니 부지런히 움직였다. 전세를 알아보러 다녔다. 하지만 전세 자체가 별로 없었다. 아이 유치원 입학은 하루하루 다가오는데 전세를 구하지 못해 맘이 급해졌다. 전세를 구해도 구해도 안 되던 어느 날, '차라리 매매로 들어가 볼까'라는 생각이 들었다. '전세금도 없는데 무슨 매매?' 처음엔 이렇게 생각했지만 매매가 가능한지 대출을 한번 알아나 보자 싶었다.

주택금융공사 홈페이지에 들어가 부지런히 보금자리론 대출 한도를 계산했다. 당시 2016년 초 기준으로 계산해보니 대출 70%를 꽉 채우면 간당간당하게 매매할 수 있겠다 싶었다. 1년 반쯤 뒤에 단행된 2017년 '8 · 2 부동산 대책'이 만약 그때 시행됐더라면 나는 매매에 필요한 돈을 대출받는 것이 불가능해 전세를 택해야만 했을 것이다. 다주택자들, 강남의 집값을 잡는다고 세운 정책에 나와 같은 불가피한 이유로 매매를 알아봐야 하는 사람 역시 영향을 받게 되는 것이다. 일종의 '생계형 매매'를 고민하는 사람들이 있다. 정책을 만들 때 모두를 만족하는 것은 애초 불가능하겠지만, 한 사람의 피해자라

나 같은 사람에게 주거는
생활공간이자 생존 공간이다.
주거 공간을 제대로 확보하지 않으면
날마다 땡볕에 한 아이를 안고,
다른 아이의 손을 잡고 무릎이 나가도록
급경사를 오르내리며 유치원
등 · 하원을 해야 하는 사람들에게,
주거는 생활 · 생존 공간이다.

도 줄일 수 있도록 치밀한 대책이 필요하다. '그래도 너는 아파트 매매를 하지 않았느냐'라며 나 같은 부류를 피해자라고 부르는 자체가 부적절하다고 할지 모른다. 하지만 투기꾼들을 잡자고 만든 정책 때문에, 충분히 매매할 수 있었던 집을 애꿎게 못 사게 됐다면 어쨌든 피해라고 봐야 하지 않을까.

부 중독자(투기꾼)와 그렇지 않은 사람을 가르는 기준은 명확하다. 1980년에 초판이 출간된 『부 중독자』(필립 슬레이터 지음, 이시은 옮김, 어마마마, 2015)에서 저자는 "돈을 원하는 것 자체가 중독의 징후는 아니다. 돈을 절약하거나 돈을 벌려고 열심히 일한다고 해서 무조건 중독의 징후인 것도 아니다. 원하는 집을 사기 위해 열심히 일해서 돈을 저축하는 사람은 중독자가 아니다. 진짜 중독자는 투기로 돈을 벌기 위해 원하지도 않는 집을 사는 사람이다"라고 말한다. 필립 슬레이터의 분석에 따르면 투기꾼은 돈을 벌기 위해 자기가 살지도 않을 집을 두세 채 사는 사람을 일컫는다. 그들에게 주거는 돈이다.

주거가 단지 그들의 배만 불린다면 문제가 덜하겠지만, 타인의 삶에 영향을 미치고 불평등을 조장한다면 큰 문제다. 그들의 경쟁적인 투기는 집값 상승을 부추기는 원인이 되고 그 경쟁에 끼지 못하는 사람들을 소외시키는 결과를 낳는다.

네덜란드 사회학자인 아브람 더 스반은 『함께 산다는 것』(한신갑 · 이상직 옮김, 현암사, 2015)에서 "재산은 처분할 수 있는 재화를 가지고 있다는 것과 동시에 그 재화를 다른 사람들은 쓰지 못하도록 배제한다는 것을 뜻한다"면서 이런 의미에서 재산을 '배타적 처분 권력'이라고 표현했다. 단지 그들이 가진 재산을 처분할 수 있는 권력을 넘어 다른 사람들이 그 재화, 즉 그 집을 갖지 못하게 하는 배타적 성격을 띤다는 것이다.

반면 나 같은 사람에게 주거는 생활공간이자 생존 공간이다. 주거 공간을 제대로 확보하지 않으면 날마다 땡볕에 한 아이를 안고, 다른 아이의 손을 잡고 무릎이 나가도록 급경사를 오르내리며 유치원 등 · 하원을 해야 하는 사람들에게, 주거는 생활 · 생존 공간이다.

아파트 매매를 결정했고, 한도를 다 채워서 대출을 받았다. 덕분에 매달 원금과 이자가 뚝뚝 잘려나간다. 10년, 15년, 20년 중 중간 수준인 15년 상환을 선택했다. 대출을 다 갚을 무렵이면 50대에 진입한다. '그 나이가 돼서 집 하나만 덩그러니 남은 초라한 중년은 되지 말아야지' 다짐해본다. 인생에서 집 한 채만 가까스로 남는다면 이보다 불행한 일이 있을까.

매매로 이사한 아파트는 만족스러웠다. 이곳엔 놀이터가 단지 내에 있었다. 그동안 놀이터를 가기 위해 급경사에 얼마나 땀을 뻘뻘 흘려야 했던가. 그런 고생을 하면서도 아이가 그토록 가고 싶어 했던 놀이터가 이제는 바로 코앞이었다.

숲이 보이는 전방 전경에는 도서관과 공원이 위치했다. 역시 걸어가면 금방이었다. 아이들이 신났다. 집 앞 공원에서 놀다가 마음만 먹으면 산책이나 등산을 할 수 있는 곳이다. 꽃삽을 들고 흙을 맘대로 뒤엎고 놀 수 있는 공간이었다. 서울에 이런 주거지가 있다는 것이 신기했다. 대출은 씁쓸했지만, 집은 만족스러웠다.

이렇게 설명하면 '서울에 이런 곳이 있어?' '집값이 비싸겠다' 생각할지 모른다. 하지만 서울의 다른 지역보다 싼 편이다. 지하철과 떨어져 있는 비역세권이라 그렇다. 도심에 사는 사람들은 교통 편리나 접근성을 중시하는데, 그 기준에는 부합하지 않은 주거 환경이라 그런 듯싶다. 역세권은 아니지만, 아이들을 키우기에 이만한 최적지가 없다. 날마다 집에서 산을 바라볼 수 있어 우리 부부의 만족도도 최상이다. 앞으로는 지하철에 가까운 집보다 이처럼 자연 환경에 근접한 주거지를 더 선호하는 날이 올 것이다. 그러면 집값이 좀 올라가려나. 이런 생각을 하는 걸 보면 나도 어느덧 '부 중독'에 빠진 걸까.

결혼해야 하느냐, 아이를 낳아야 하느냐는 질문에 대해

내 삶에서 결혼과 출산이 주거 투쟁에 준 영향은 지대하다. 독신에서 부부가 되고, 곧 자녀를 둔 가정을 이루게 되면서 신경 쓸 일이 한두 가지가 아니었다. 누군가는 '이렇게 저렇게 다 따지고 들자니 뭐가 이리 복잡할까'라면서 차라리 독신으로 사는 게 낫다는 선택을 할 수도 있을 것이다. 이 책에서 보여준 주거 투쟁의 과정 가운데에는 사실 독신이라면, 자녀를 낳지 않았다면 굳이 하지 않아도 될 고민이 많기 때문이다.

결혼적령기인 20 · 30대 남녀에게는 주거 문제에서 결혼과 출산이 차지하는 비중이 엄청나다는 것을 부인할 수 없다. 결혼을 망설이는 많은 연인들의 고민을 들어보면 집 문제가 크다는 것을 알 수 있다. 이 시점에서 결혼은 해야 하는지, 아이는 낳아야 하는지에 대한 견해를 밝힌다.

결혼에 대해 • •

직장 생활을 하다 보면, 미혼인 후배들이 결혼을 해야 하는지에 대해 물어오는 경우가 많다. 사실 '결혼은 하는 게 맞는지, 맞지 않는지'와 같은 당위론적 질문에는 답을 하기 어렵다. '마땅히 결혼해야 한다'고 주장한다면 그에게 꼰대 선배로 비칠 것이다. 반대로 '결혼하지 말아야 한다'고 말한다면 이미 결혼한 나로서는 자가당착에 빠지는 꼴이다. 내가 미혼일 때도 결혼에 대해 부정적인 이야길 하는 선배들을 보면 '선배는 결혼해봤으니 그런 말이 나오지'라는 생각이 들었다. 가진 자의 여유 혹은 푸념으로 느껴졌다. 결혼해보지 않은 나는 결혼 생활이 부럽기만 한데 말이다.

결혼의 당위성에 대해서는 시원하게 답할 수 없다. 신 앞에 선 인간의 실존을 고민했던 키르케고르 역시 결혼, 더 나아가 인생 문제에 대한 견해를 밝혔다.

> "결혼을 하라. 그러면 그대는 후회할 것이다. 결혼을 하지 말라. 그래도 역시 그대는 후회할 것이다. 결혼을 하든 않든 간에, 그대는 후회할 것이다. … 어느 쪽을 택해도 그대는 후회할 것이다. … 어느 쪽을 택해도 그대는 후회할 것이다."(『키르케고르 선집: 이것이냐 저것이냐 1부』, 키르케고르 지음, 임춘갑 옮김, 다산글방, 2008)

정답을 찾는 이들에게 하고 싶은 말은 "정답은 없다"는 것이다. 당위성이 아닌 '결혼 선호도'에 대해 묻는다면 충분히 답할 수 있다. 결혼은 하는 게 좋다고 생각한다. 해도 후회고 안 해도 후회라면 마땅히 해보고 나서 후회하라는 말을 하고 싶다.

물론 결혼 후 조금 자유롭고 싶을 때가 있고, 혼자만의 시간이 그리워질 때가 있다. 그런 약간의 아쉬움에 더해, 챙겨야 할 가정의 대소사가 우리 집안뿐 아니라 아내 집안까지 배로 확대된 데 따른 수고도 해야 한다. 여러 가지를 고려하더라도 결혼은 할 만하다. 부부간의 사이가 좋다는 것을 전제로 말이다.

출산에 대해 • •

결혼에서 한 발 더 나가면 아기를 낳아야 하느냐 낳지 말아야 하느냐는 질문이 나온다. 하나만 낳는 게 좋은지 둘은 돼야 하는지, 꼬리를 무는 고민에 마침표를 찍기 어렵다.

각자의 처한 환경과 현실에 따라 답은 달라질 수 있지만, 내 지극히 주관적인 대답은 '결혼하면 좋다, 아기를 낳으면 더 좋다'는 결론에 이른다. 다시금 강조하지만 어떤 선택이든 포기해야 하거나 잃는 것이 있다. 아이들 장난감을 치우고 또 치워도 별 티도 나지 않고 어지러진 집구석을 보고 있노라면, 또 아파트에서 쿵쿵거리며 뛰는 아이들을 아무리 타이르고 윽박질러도 여전히 쿵쾅거리는 모습을 보고 있노라면, '이놈들이 왜 튀어나왔나' 싶은 생각이 들 때가 있긴 하다. 떼쓰는 아이 때문에 폭발 일보 직전까지 화가 치밀거나, 내 의지와는 상관없이 어느새 터져 나온 고함이 아이들을 향해 속도 제한 없는 고속도로 일방통행처럼 내달릴 때도 있다. 이처럼 결혼과 출산으로 포기해야 하고 잃는 것이 있다. 많기도 하다. 그럼에도 불구하고, 아이를 낳는 것이 좋다고 생각한다.

희생할 것이 많고 후회가 밀려올 때가 있지만 '그럼에도 불구하고' 실보다 득이다. 육아를 하다 보면 '그럼에도 불구하고'라는 단어를 쓸 일이 이처럼 많이 생긴다. 지혜의 왕이라 불리는 솔로몬의 잠언서에 보면 '소가 없으면 구유는 깨끗하겠지만, 소의 힘으로 얻는 것이 많다'는 구절이 있다. 아이가 없다면 깨끗한 집, 깔끔하고 정돈된 분위기, 혼자만의 자유 시간 등 좀 더 쾌적하고 자유로운 삶을 살 수 있을지 모른다.

반면 출산은 집구석은 좀 지저분할지라도 인생의 참맛을 깨닫게 해준다. 특히 아이가 태어날 때의 경이로운 순간이란. 아무리 육아가 힘들어도 이 짜릿한 순간을 경험해본 사람이라면 당신에게 출산을 권할 것이다. 물론 겉으로는 볼멘소리를 하겠지만 그걸 곧이곧대로 받아들이면 곤란하다.

내 삶에서 주거를 예로 들면, 결혼하지 않고 출산을 하지 않았더라면 지금의 주거 환경을 취할 수 없었을 것이다. 주거 투쟁은 동기부여가 확실해야 한다. 뭔가 이뤄야겠다는 욕심, 욕구가 주거 투쟁의 발단이 된다. 주거 투쟁을 통해 조금씩 집 환경을 개선해 나가는 데서 오는 행복이 있다. 아이들이 좀 더 좋은 환경에서 지내는 데서 오는 만족감 같은 것이다. 그런 동기 부여가 없다면 사실 저축하기도 쉽지 않고, 무리해서 대출받으며 집을 구할 이유도 없다. 아이들에게 좀 더 좋은 환경을 선물하고자 한도를 꽉꽉 채운 대출을 받게 됐고, 좀 힘들다 싶을 정도로 절약해가며 매달 대출금을 갚아나가고 있다.

결혼과 출산 전에는 러시아 대문호 톨스토이가 『인생론』(지경자 옮김, 홍신문화사, 1997)에서 밝힌 "모든 인간은 오로지 자기 자신을 위해, 자기의 행복만을 위해 살고 있다"는 명제가 내 삶에 그대로 적용되는 것 같았다. 그러나 톨스토이의 인간 이해는 단선적인 이기적 인간의 형태로 그치지 않는다. 톨스토이는 인간의 근본적 모순을 설명하면서 "인간은 자기의 행복을 얻으려고 노력하는 과정에서 그 행복이 다른 여러 존재에 의지한다는 사실을 인정하지 않을 수 없다"고 밝힌다. 아이들을 키우면서 나는 내 일신의 행복만을 추구하던 삶에서, 어느덧 아이들의 존재에 의존해 행복을 추구하는 모습으로 변했다. 사실 육아를 하면서 경험하는 행복은 아이들이 느끼는 행복감이 전해져오는 데서 느끼는 대리 행복인 경우가 많다. 아이들의 존재에 기대어 행복을 느끼기도 한다. 어떨 땐 내가 느끼고 추구하는 행복이 나의 행복으로 인한 것인지 아이들의 행복에서 비롯되는 것인지 경계가 모호하다.

행복에 대한 복잡한 철학을 떠나, 결혼과 출산이 주거 투쟁의 확실한 동기부여가 된다는 사실만큼은 분명하다. 혼자 살았다면 지금보다 좀 더 흥청거리며 돈을 썼을 것이기 때문이다.

'확신이 서면 움직여라'

"병법은 다음을 고려해야 한다. 첫째는 도이며, 둘째는 양이며, 셋째는 수이며, 넷째는 칭이며, 다섯째는 승이다. 영토가 있으니 척도가 생겨나고, 척도가 있으니 양을 산정하고, 양을 산정하니 숫자가 생겨나고, 숫자가 있기에 저울질하고, 저울질하기에 승리를 알 수 있다.

兵法: 一曰度, 二曰量, 三曰數, 四曰稱, 五曰勝. 地生度, 度生量, 量生數, 數生稱, 稱生勝.(병법 : 일왈도 이왈량 삼왈수 사왈칭 오왈승 지생도 도생량 량생수 수생칭 칭생승)"(『손자병법』, 손무 지음, 이현서 편저, 동아일보사, 2017)

현대 생활과 관련한 부분을 중심으로 재해석한 이현서가 옮긴 『손자병법』에는 '확신이 서면 움직여라'고 손자의 병법을 전한다. 1단계는 규모를 재고 2단계는 규모에 따라 투입할 수 있는 자원과 경제력을 예측한다. 3단계 병력 숫자(실제 투입하는 돈)를 계산하고 4단계

저울질하고 비교한다. 마지막 5단계는 승패를 판단하는 것. 손자의 다섯 가지 응용 방법은 삶의 여러 분야에 적용된다.

내 이사 경험에도 이 병법이 똑같이 적용됐다. 빌라에서 아이 유치원과 가까운 아파트를 알아봤다. 전세가 여의치 않았다. 차라리 매매로 할까. 처음엔 불가능하다고 생각했다. 하지만 가능성이 보였고 한번 도전해보기로 했다.

우선 1단계로 규모를 쟀다. 아파트 매매가를 알아봤다. 이사 목표로 잡은 아파트에는 24평형(78m²), 28평형(92m²), 32평형(101m²)의 집이 있었다. 가격대를 파악했더니 32평은 아직 무리였고 24평은 해볼 만했다. 좀 더 무리하면 28평도 할 수 있을 것 같았다.

2단계, 자원과 경제력 예측이다. 수중에 있는 돈을 모조리 더해봤다. 다음으로 대출받아 끌어 모을 수 있는 최대한도의 돈을 예측했다. 검색을 거듭한 끝에 대출받을 수 있는 곳을 알아냈다. 주택금융공사에서 하는 보금자리론이다. 3억 원대 아파트 매매를 위해 2억 원대 초반의 돈을 대출받을 수 있었다. 한도인 70%를 꽉 채운 대출이었다. 24평형과 28평형이 이 기준에 해당했고, 32평형은 기준에 맞지 않아 과감하게 탈락시켰다. 언젠가 돈을 더 벌면 한번 도전해보자는 여지는 뒀다.

3단계, 실제 투입할 수 있는 총알(돈)을 계산했다. 매매가 외에도 이사비용 등도 고려해야 했다. 대출 한도를 최대한으로 받더라도 계약금 지급 시기와 잔금 치르는 시기 등이 맞지 않으면 안 된다. 구체적으로 알아봤다.

4단계, 집을 보러 다니면서 저울질하고 비교했다. 24평형이 만

만하긴 했지만 집을 보면 볼수록 아쉬움이 들었다. 어차피 매매로 살 집인데 지금이야 괜찮지만 몇 년 뒤 아이들이 크면 좀 모자랄 거 같았다. 조금 무리하자 싶었다. 28평을 구하면 당장 대출금 갚기가 힘들겠지만 몇 년만 버티면 된다는 생각이 들었다. 이사할 시기도 맞는 집을 골라야 했다. 살던 곳에 다른 전세 세입자가 들어와야 했고, 같은 날 이사를 할 수 있는 집이어야 했다.

5단계, 승패를 판단해야 한다. 물색만 하면 안 되고 내가 살 집을 정해야 한다. 결론을 내려야 했다. 해당 아파트에서 여러 집을 보다가 한 곳이 눈에 들어왔다. 이거다 싶었다. 하루만 늦추면 다른 구매자가 낚아챌 것 같은 위기감이 들었다. 3, 4단계에서 5단계의 결정적 시기를 대비해 계약금을 미리 준비해뒀던 터라 마지막으로 꼼꼼하게 점검한 뒤 바로 계약했다. 미리 계약금을 준비하지 않았다면 결정적 시기에 눈앞에서 괜찮은 집을 떠나보내는 아픔을 겪었을지 모른다. 이사하고 나서 살면 살수록 '여기가 내 집이구나' 만족스러웠던 걸 보면 제대로 구한 집이 맞다.

2016년 4월 아낌 e 보금자리론 금리(2.68%)가 마침 최저일 때 대출을 받았다. 15년 상환, 2031년 4월이 돼야 빚을 다 갚을 수 있다. 거치기간을 제외하고 180개월 납부하는 대출 상품이었다. 여러 옵션을 선택할 수 있었다. 원금은 동일한데 이자가 처음에는 크다가 갈수록 줄어드는 옵션, 180개월 모두 원금과 이자가 동일한 옵션, 처음엔 이자를 적게 내다가 마지막으로 갈수록 커지는 옵션 등이 있었다. '어차피 고생할 거 처음에 고생하고 뒤로 갈수록 여유를 갖자'는 생각에 이자가 뒤로 갈수록 줄어드는 걸 택했다. 이사하고 나서 월급을 받기가 무섭게 대출금이 마구 빠져나간다. 월급날의 개념도 예전 같지 않다. 들어오는 족족 빠져나가니 기분을 낼 틈도 없는 게 사실이다.

그러나 확신을 가지고 움직인 결과, 우리 가족은 지금 자연과 가까운 곳에서 만족하며 살고 있다. 월급 통장을 매달 겁박하는 대출금을 갚기 위해, 날마다 즐거운 투쟁을 하고 있다.

신혼부부의
주거 선택 기준

돈과 눈높이 • •

주거 선택에서 돈을 빼고는 설명하기 어려운 부분이 많다. 돈을 고려하지 않고 아무리 이사할 집을 알아본다고 해도 허망한 선택지에 불과한 이유는 주거 선택에서 돈이 결정적 역할을 하기 때문이다. 다른 모든 요소를 고려하더라도 돈이라는 하나의 요구사항이 충족되지 않으면 결국 원하는 집으로 이사할 수 없다. 그렇다고 돈으로만 모든 것을 설명하고 모든 것이 결정된다면 '의지적 인간'으로서 설 자리가 너무나 좁아진다.

돈에 결정의 전권을 맡기지 않으면서도 인간으로서 기본적인 의지를 세우는 방법, 내가 택한 것은 눈높이 낮추기였다. 부모님께 손 벌리지 않고 결혼식을 치르고 전세를 마련했다. 눈높이만 낮춘다면 얼마든지 저렴한 비용으로 식을 올릴 수 있다. 양가 혼수를 일절 하지 않았고, 스드메(스튜디오, 드레스, 메이크업) 역시 괜히 유난 떨지 않았다.

처음에는 양가 부모님과 친한 친구 한두 명만 초대해서 간단하게 하는 결혼식을 부모님께 말씀드렸다. 영화에서 보면 해변에서 몇몇 지인들만 초대해서 올리는 결혼식이 멋있어 보였다. 다른 사람들의 결혼식에 참석할 때마다 정형화된 모습에 회의가 들던 시기였다. 하지만 내 제안에 부모님은 당장 '니가 무슨 죄를 지었냐' '결혼식이 아니면 친척들한테 인사를 일일이 어떻게 할 거냐'는 꾸지람이 돌아왔다. 없는 살림에 자식을 애써 키워놨더니, 갑자기 이상한 결혼식을 올린다고 하니 적잖이 서운하셨나 보다. 듣고 보니 일리가 있는 말이었다. '죄를 지었냐'는 첫 번째 이유는 내가 꿀리는 것이 없었기 때문에 별 신경 쓰지 않았지만, 두 번째 이유는 꽤 설득력 있게 들렸다. 자주 못 보는 친척들의 경우 결혼식에서 얼굴을 비치지 않으면 인사드릴 기회가 없을 것 같았다. 부모님의 즉흥적인 꾸지람이었지만, 귀담아들을 부분이었다.

그렇게 최소한의 인간적 도리를 하면서도 간소한 결혼을 했다. 신혼 때 그렇게 거창하게 출발하지 않아도 좋다. 오히려 무리하게 욕심을 내기보다 결핍 환경에서 출발할 것을 추천한다. 부족한 부분은 극복해야겠다는 목표가 생기고, 거기에 맞게 재정을 설계하고 부부가 합심해서 노력하게 된다. 처음부터 좋은 주거 환경에서 출발한다면 복된 일이겠으나, 어쩌면 부부가 함께 노력해서 얻게 되는 성취감이나 보람은 덜하지 않을까.

가족과 취향 • •

혼자일 때와는 달리 같이 사는 사람이 생기면 고려해야 할 것이 서너 배쯤으로 늘어난다. '1+1=2'의 공식이 성립하지 않는다. 상대방을 생각하면 나 혼자 살 때보다 고려해야 할 게 여러 가지다. 그의 입맛, 그의 취향, 그의 생활 반경, 그의 민감도, 그와 나의 경제 사정의 합, 그의 요구, 그의 생각 등.

둘일 땐 그나마 낫다. 자녀가 생겨 셋이 되고 넷이 되면 몇 배일까. 다섯 배? 여섯 배? 대여섯 가지를 고려해야 할 때가 있지만, 오히려 고려해야 할 게 단순해지는 측면도 있다. 자녀에게 모든 걸 맞추면 되기 때문이다. 부부 둘만 살 때 중요했던 요소가 별일 아닌 게 돼버린다. 가족을 이룬다는 것은 이처럼 수학 공식을 넘어서는 초월적 각오가 필요하다.

부부 서로의 취향도 무시할 수 없다. 신혼 여행 목적지를 정하는 걸 보면 취향이나 선호도를 짐작할 수 있다. 휴양지로 가는 사람은 신혼 여행을 편안한 휴식의 공간으로 여긴다. 직장 생활에 시달렸거나 그간 바쁘게 살아온 커플들이 이런 휴양지를 택하곤 한다. 반면 신혼 여행을 배낭 여행, 유럽 등 도심 탐방, 아프리카 킬리만자로 등반 등 특별한 목적을 가지고 가는 사람들이 있다. 평소 가보지 못한 도시를 여행하며 결혼의 의미와 추억을 남기고 싶어 하는 사람들이다. 우리 부부는 전자를 택했다. 신혼 여행까지 가서 피곤해지기 싫었다. 휴식을 취하고 싶었다. 정답은 없다. 취향의 문제이기 때문이다.

부부가 주거를 택할 때도 취향을 적절히 고려하면 된다고 본다. 자연 친화적인 주거 환경을 택하는 사람들이 있는가 하면 지하철 등 교통이 편리한 역세권이 제1순위인 사람도 있다. 우리 부부는 자연 친화적 환경에 우선순위를 뒀다. 자신들에 맞는 취향을 잘 저격하면 된다.

이사의 종착지냐 정거장이냐 • •

신혼은 대부분 월세 아니면 전세로 시작한다. 신혼 때부터 자기 집으로 시작하는 부부가 있다면 대단하다는 말밖에! 내 집이 아니면 집에 대한 애착이 크지 않다. 굳이 나누라고 하면 전세는 2년 단위 정도의 애착을 둔다. 전세를 살면 2년을 살지 연장해서 4년을 살지는 모르지만, 어차피 떠날 집이라는 생각에 무한 공을 들이지는 않는다. 고장 나거나 수리할 부분이 생겨도 손대지 않고 대충 살아가는 것이 전세다.

신혼 때 전세를 살면서 가구를 마련하는 데도 반나절밖에 걸리지 않았다. 신혼집에서 몇 년을 살지 모르지만 떠날 때 들고 가기보다 다 버리고 갈 거라는 마음이 강했기 때문이다. 가구의 멋보다는 실용적인 용도만 충족하면 된다고 생각했다. 유일하게 고가로 택한 것이 있다면 침대 매트리스다. 신혼부부라면 굳이 이유를 설명하지 않아도… 허투루 고를 수 없다. 매트리스만 유명 브랜드로 골랐다.

신혼부부는 주거 형태가 종착역이기보다는 정거장에 가깝다. 정거장이라 생각한다면 굳이 무리해서 큰 집, 갖춰진 집을 알아보지 않아도 된다. 우리는 잠시 머물다 간다는 마음으로 가볍게 임했다. 다만 다음 정거장이 어디쯤인지, 종착역은 언제쯤 도착하게 될지를 생각하면서 대비하는 일만큼은 소홀히 하지 않았다.

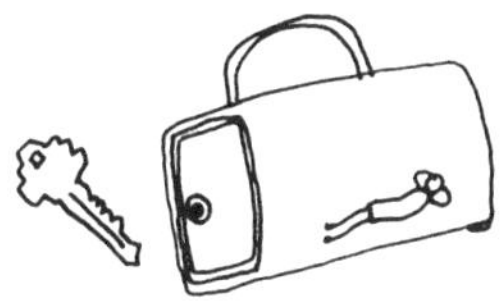

20대,

맘껏
방랑하다

집과 집밖의 경계에서

20대는 묘한 경계선에 있다. 학업과 아르바이트, 스펙 준비로 바쁘다. 고시원과 자취, 기숙사와 하숙 등으로 유랑하고 때로는 집도 없이 누군가의 집에 얹혀살아야 하는 주거 난민, 청년 난민이다. 20대의 또 다른 이름은 궁함이다. (물론 어느 집단이나 예외는 있게 마련이다. 수입이 마땅찮은데도 괜찮은 오피스텔에 살면서 차를 끌고 다니며 수업을 듣는 대학생도 더러 있다. 부모 잘 만나 돈 벌 걱정 없이 사는 금수저는 흔한 사례는 아니기에 예외로 한다.)

대부분의 인생에서 가장 궁한 시기는 20대다. 부모에게서 독립을 준비하고 사회로의 진출을 앞둔 단계이기 때문이다. 궁하면서도 굴하지 않고 당당할 수 있는 건 20대가 밑그림이 완성되지 않은 스케치 단계라서 그렇다. 밑그림이 흐릿한 스케치라 해도, 본 작업에 들어가서 색을 칠하게 되면 어떤 작품이 탄생할지 알 수 없다. 졸작이 될지, 대작이 될지, 중간 정도의 작품은 될지 어떻게 알겠나. 20대 초반에 만났던 별 볼 일 없었던 친구 중에는 대박을 친 녀석도 있다.

괄목상대의 사례는 돌아보면 많다. 동원훈련에서 만났던 지질했던 한 휴학생을 다른 예비군들이 놀려대고 깔봤다. 그로부터 1, 2년쯤 흘렀을까. 일터에서 지나가다 그를 만났다. 그는 고시에 합격해서 사무관이 됐다. 그를 놀려댔던 대열에 동참하지 않았던 게 얼마나 다행이라 생각했는지 모른다. 한 치 앞, 1년 후, 10년 후를 예측할 수 없는 막연함이 20대다. 그렇기에 체면 차리지 않고 떳떳할 수 있다.

현실은 빈할지 몰라도 가능성으로만 따지면 부한 20대의 이런 묘한 경계는 가까운 서점에만 가도 엿볼 수 있다. 한쪽에는 '아픔' '위로' '흙' '앵그리' '빈곤' '절망' 등의 키워드를 내세워 20대 청년 세대에 관해 비관 · 비판하거나 그 아픔에 공감하는 책들이 수북하다. 이런 책을 보며 같은 20대는 공감하고, 이 시기를 거쳐온 30 · 40대는 공감하거나 안도 혹은 비판하고 50대가 넘은 이들은 공감하거나 안도 혹은 비판하면서 젊은 녀석들의 치기 어린 반항 정도로 받아들인다. 60대가 넘으면 이런 책을 보기나 할까.

서점의 다른 한 켠으로 가보면 또 어떤가. 거기에 놓인 무수한 자기계발서에는 20대를 겨냥해 성공을 꿈꾸는 많은 젊은이들을 현혹하는 제목들로 가득하다. 제목대로만 하면 고액 연봉과 안정적인 수익, 자신의 삶을 성공 반열에 올려놓을 수 있을 것만 같은 비법으로 가득하다. 실제 비법인지 알 수 없으나 책대로만 하면 성공이 보장될 것이란 믿음으로 책을 열어젖히게 만드는 꼴이다.

내 20대 역시 항상 경계선에 서 있었다. 끊임없이 궁한 형편에 주거지를 옮겨 다니는 생활을 하면서도 비굴하지 않았던 건, 20대라는 '무형의 명함'이 있었던 덕분이다. 월세를 내지 못해 후배 집에 얹혀살면서도 미래를 나름대로 그려보며 언젠가 좋은 날이 올 거라는 막연한 믿음을 가졌었다.

20대의 불확실성은 유랑하는 청년 주거 문화에 그대로 묻어난다. 내 20대의 시작은 하숙, 그 뒤로는 반지하 자취, 방음도 되지 않는 2층 자취, 임시 계단을 타고 올라가야 하는 자취, 선배와 후배 집에 빌붙어 살았던 원룸 생활, 군대 간부 숙소(BOQ), 보증금 있는 월세 등으로 요약된다. 맘껏 떠돌아다녔고, 장애물이 장애물로 느껴지지 않았던 시절이다.

광장이 임시 주거지가 되기도 했다. 학교 잔디밭에서 짜장면을 시켜먹기도 하고, 광장에서 고함도 지르고, 거리에서 응원전도 펼쳤다. 일정 경계선을 오가며 소소한 일탈을 하면서도 당당했던 핵심적인 이유는 아무리 생각해도 20대라는 사실 말고 달리 설명할 명분이 없다. 30대의 내가 만약 20대에 생활했던 주거지와 비슷한 곳에서 생활했다면 주눅 들었을 것이다. 무한 활용 가능했던 '20대'라는 이름이 새겨진 명함은 이제 사라졌기 때문이다. '30대' 명함은 어디 내놔도 쓸 만한 구석이 없다. 괜히 꺼냈다가 돌아오는 책임만 가중될 뿐이다.

'20대 주거 이야기'는 이처럼 궁하면서도 당당한 묘한 경계가 담겼다.

부모의 의지로 시작한 하숙

대학에 입학한 2000년, 내가 살았던 하숙집 가격은 보증금 없이 월 30만 원이었다. 싸다고 해야 하나, 비싸다고 해야 하나. 이불 두 개 정도 깔 크기의 비교적 넉넉한 면적이었다. 서울에서 그렇게 큰 방, 게다가 아침 · 저녁 식사까지 제공되는 하숙집이 30만 원밖에 안 한다고? 싼 데는 다 이유가 있다. 2인 1실이었기 때문이다. 혼자 살면 45만 원은 족히 받아도 될 만한 정도의 방이었지만 둘이 살았기에 가격이 내려갔다.

요즘 하숙집 시세로 보면 '방 면적은 매우 좁아 눕으면 겨우 이불 깔고 누울 수 있는 2.3평, 화장실 공동사용, 식사가 제공되지만 그림의 떡인 하숙집' 가격이 월 30만 원(1인 기준)이다.(『청춘의 가격』, 새로운 사회를 여는 연구원 지음, 사계절, 2017) 이 책에서 사례로 든 '살아보면 별로 싸지 않은 하숙 · 방범에 취약한 자취 · 여름엔 덥고 겨울엔 추운 옥탑' 등의 주거 형태를 보면, 4차 산업혁명을 준비하는 요즘 시대에도 청년 주거의 질이나 청년의 주머니 사정은 과거와 별반 달라진 게 없어 보인다. 오히려 열악해지거나 감당해야 할 비용이 올랐다. 사회는 무한 발전하고 있는데 청춘이라는 이름에 담보 잡힌 우리네 청년들의 삶은 왜 정체된 것일까. 복지든 취업이든 스스로 알아서 해야 하는 20대는 또 다른 복지 사각지대다. 최근 '청년수당' 등이 공론화되는 과정을 보면 복지의 영역이 이제야 20대로 확대되는 단계로 가고 있음을 알 수 있다.

2인 1실, 하숙집 룸메이트는 나처럼 멀리 경상도에서 올라왔다. 우리는 한 하숙방을 쓰면서 처음 만났다. 1학년 신입생으로 얼굴이 까무잡잡한 게 나보다 더 영락없는 촌티가 났다. 나는 정경대(정치외교학과), 그 녀석은 경영대로 경상도 촌놈 두 명이 하숙방을 같이 쓰게 됐다. 빨래는 주인아주머니가 해주시고, 아침 · 저녁 식사가 제공됐다. 대학생활 얼마 지나지 않아 깨닫게 된 사실이지만 1학년 신입생 땐 하숙집에서 밥을 먹기가 쉽지 않다. 저녁엔 학회든 동아리든 모임이 많았고, 아침에는 일어나서 지각하지 않으면 다행일 정도로 늦잠을 잤기 때문에 밥을 챙겨 먹을 겨를이 없었다. 여러 모임을 소화하다 보면 그만큼 늦게 자고, 그러면 늦게 일어나는 사이클이 반복됐다.

하숙집 1층은 주인집과 우리 방, 부엌이 있었다. 화장실은 주인집 가족들과 함께 썼다. 2층은 나보다 5~10년 선배 5~6명이 사용했고, 반지하에 있는 몇 개의 방에는 나보다 학번이 12년이나 높은 대선배 등이 사용했다. 그 어수룩한 선배는 딱히 학생도 아니었고 직장인도 아니었다. 하숙집에서 몇 달에 한 번씩 새 멤버가 들어올 때 환영하는 자리인 '입방식' 날에만 그 선배가 어슬렁거리며 나타나 술자리를 빛냈던 기억이 난다. 지금 생각하니 그는 고시에 실패하고 떠돌던 백수였다.

하숙을 택했던 이유는 부모님의 의지였다. 자취와 달리 하숙은 식사가 제공되니 조금이라도 안심이 되셨나 보다. 아직 고등학생 티를 벗지 못했던 아들 혼자 서울에 보내놓고 얼마나 걱정이 되셨을까. 서울에 가까운 친척이라도 있으면 한 번씩 관심을 가져달라고 할 법도 하지만 서울에 사는 친척도 별로 없었다. 이제 막 신혼을 시작한 이종사촌이 서울살이를 하는 정도였다. 인구가 그렇게 집중됐다고 하는 서울에 친가와 외가를 통틀어 연고가 이렇게 없는 집도 있는 것이다.

서울에 가까운 친척이 없다는 것은 청소년 시절의 활동 반경에도 영향을 준다. 스무 살이 되도록 서울에 가본 적이 없다. 내가 다니게 될 대학이 어떻게 생겼는지도 모르고 원서를 접수했고, 논술 시험을 보던 날 처음으로 서울 땅을 밟았다. 고속버스를 타고 휴게소에 내렸을 때 눈이 펑펑 내리던 모습이 지금도 잊히지 않는다. 내가 살던 경상도 따뜻한 남쪽에서는 그런 눈을 좀처럼 볼 수 없었다. 서울은 남쪽보다 추웠다. 지하철을 처음 타봤고, 지하철에서 내릴 때 벨을 눌러야 문이 열리는지 고민하며 두리번거렸다. 아차, 두리번거리면 코 베어 갈까봐 잘 모르면서도 아는 척 표정 관리!

하숙집에서는 한 달에 한 번 저녁에 별미가 제공됐다. 삼겹살이 나왔다. 테이블에 둘러 앉아 직접 구워 먹었다. 그날만큼은 대부분의 하숙생들이 잊지 않고 밥을 챙겨 먹은 탓에 평소 식탁 외에 밥상을 하나 더 폈다. 한창 먹을 나이의 하숙생들, 삼겹살을 굽기가 무섭게 젓가락이 맹렬히 고기를 향했다. 경쟁이 불필요하게 치열해지면 과잉 행동이 나오게 된다는 걸 그때 알았다. 아직 덜 구운 살점에도 젓가락이 갈 수밖에 없었다. 완전히 익기를 기다렸다가는 삼겹살이 아닌 김치만 맛보다 끝내야 할 판이었기 때문이다.

제대로 구워진 삼겹살 한 점 맛보기가 어렵다는 걸 알게 되면서 막내인 난 알아서 이 경쟁의 반열에서 빠지기로 했다. 삼겹살 한 점 먹겠다고 앉아 있는 신입생을 바라보는 고학번 선배들의 무언의 시선도 한몫했다. 삼겹살 냄새를 맡으며 김치와 밑반찬으로 식사를 마무리했다. 산해진미를 앞두고 기본 반찬을 먹어야 할 때의 씁쓸함이란. 그 뒤로 별미가 나올 땐 더더욱 저녁 자리에 가지 않게 됐다. 다른 저학번들 역시 비슷한 압박감을 느꼈는지 자연스레 별식이 나오는 저녁 자리를 피했다. 자유를 꿈꾸고 권위주의 타파를 외치는 대학생 세계에서도 생존과 먹거리의 본능 앞에서는 자연스럽게 학번에 따른 서열화가 자리매김한다고 말하면 과장된 생각일까.

부모님의 의지가 반영된 주거는 거기까지였다. 대학 2학년이 되면서 서울 생활에 어느 정도 적응될 무렵부터 나는 내 의지대로 주거 형태를 결정하기 시작했다.

방 한 칸의 자유

20대, 나그네와 같은 삶을 사는 이들이 많다. 거처를 옮긴다고 해봐야 짐도 별 게 없다. 장롱을 들여놓고 사는 대학생이 얼마나 될 것인가. 침대나 옷장도 본인의 것이 아니라 원룸이나 고시원의 경우 붙박이일 때가 많다. 침대 없이 이불과 베개, 간이 옷장을 쓰면 이삿짐도 얼마 되지 않는다. 대학 때는 학생들이 운영하는 자치위원회에서 리어카를 빌려줬고, 그거 하나만으로도 이사를 간단히 할 수 있었다.

법정 스님이 『홀로 사는 즐거움』(샘터, 2004)에서 말했던 출가자의 삶이 의도치 않게 실현되는 것이나.

> "다리가 떠내려간 뒤 일정한 거처 없이 여기저기 떠돌면서 새삼스레 '출가자'란 말이 문득 떠올랐다. 출가자란 자신이 살던 집을 버리고 나온 사람이란 뜻이다. 그러니 달리 표현하자면 집이 없는 사람이다. 자신의 집(소유)을 갖지 않는 사람이다. 현재의 거처는 나그네로 한때 머물고 있을 뿐. 그러기 때문에 출가자는 한

때 머무는 그 주거 공간에도 집착하지 않는다."

대학 2학년이 되면서 서울 적응을 완료하고 내 의지대로 거처를 정하기 시작했다. 같은 하숙집에서 반지하로 방을 옮겼다. 2인 1실 1층에서 1인 1실 반지하로의 이동이었고, 하숙이 아닌 자취를 선택했다. 집에서 아침저녁으로 제공되는 식사를 하지 않겠다는 선택이다. 내가 살던 하숙집은 학생들의 편의에 따라 자취를 허용해줬다. 반대로 그 집에 살지 않으면서 저녁만 먹는 학생도 있었다. 아주머니 음식 솜씨가 좋아서 다른 곳에 살면서 저녁밥만 먹는 학생이 몇 명 됐다. 그러니 아주머니 입장에서는 그 집에 살면서 밥을 안 먹겠다는 학생을 굳이 먹으라고 강요할 이유는 없었나 보다. 저녁을 하숙집에서 거의 먹지 못했고 아침도 거를 때가 많았으니 밥을 고집할 이유가 없었다.

1인실을 쓰게 됐지만 반지하인 덕분에 월세가 30만 원에서 25만 원으로 줄어들었다. 2인 1실 1층과 1인 1실 반지하 사이 선택의 순간, 나는 1인실에 더 큰 무게를 뒀다. 타인과 한 공간을 나눠 쓴다는 것은 쉽지 않은 일이다. 형제자매나 배우자와 한방을 쓰는 것과는 다른 문제다. 고등학교 때까지 형과 한방을 썼다. 혈육 관계에서는 자연스러운 일이지만 타인과는 왠지 모르게 불편하다. 고등학교 1학년 때 기숙사에 1년을 살면서 10명이 같은 온돌방을 사용했지만, 둘보단 차라리 여러 명이 한방을 쓰는 것이 편한 면이 있었다. 타인의 시선이 여러 방면으로 분산된다고 해야 하나. 결혼 역시 둘이 한방을 쓰는 것이지만 이성 간 사랑의 감정이 개입돼서 그런지 오히려 안정감이 든다. 고향 선후배나 고교 동창 등 친분이 쌓인 상태에서 둘이 뜻을 합해 한방을 쓰는 건 그나마 편한 면이 있다.

하지만 내가 2인 1실을 함께 사용하던 동갑내기 하숙생은 원래 알던 사이도 아니었다. 우리 둘은 2인 1실이라는 하숙방을 매개로 만나 한방을 쓰게 됐을 뿐이었다. 둘 모두 아무리 예민하지 않은 성격이라 해도 타인과의 동거는 기본적으로 불편을 감수해야 한다. 방에서 속옷을 갈아입기 민망하다. 혼자 살면 창문 단속만 잘 하면 속옷을 입든 말든, 퍼질러 누워 있든 코를 후비든 누군가를 의식하지 않아도 된다. 만물의 영장인 한 인격체와 방을 공유한다는 것, 사랑도 우정도 없는 상태에서 만난 타인과 몸(체)과 얼굴(면)의 온갖 허물을 노출할 만큼 체면의 격차를 줄여나간다는 것, 체면 해소에 시간과 노력을 들이느니 그냥 자유롭게 혼자가 되기를 택했다.

반지하 1인실로 옮기고 나서 멀리 계신 부모님께는 이 사실을 알리지 않았다. 아침저녁을 먹든 말든 하숙집에서 밥이 나온다는 사실에 안심하고 계신 부모님께 걱정을 끼쳐드리고 싶지 않았다. 매달 5만 원 차액으로 생기는 '불로 용돈'은 궁한 대학 생활에 요긴하게 쓰였다.

반지하에서 지내는 생활이었지만, 이상만큼은 하늘을 날아다녔다. 생의 의미를 생각했고, 의미 있는 삶을 꿈꿨다. 대학을 졸업하고 뭘 해서 먹고살아야 하나, 저마다 직업을 가지고 살아가는데 어떤 진로를 택해야 하나, 결혼은 할 수 있을까 등의 질문은 일단 뒤로 제쳐놓았다. 어차피 한때 나그네로 살 인생, 안락한 삶이 무슨 의미가 있을까 싶은 생각도 했다.

강한 의지는 열악한 환경을 이겨내는 힘이 됐다. 푹푹 찌는 여름철에도 지상으로 연결되는 작은 창에 의지해 무더위를 이겨냈다. 창 너머로는 반지하 방을 내려다 보는 행인들의 눈동자가 수시로 지나갔지만, 여름철에는 도저히 창을 닫을 수 없었다. 겨울엔 생각보다 반지하가 아늑하고 따뜻했다. 무엇보다 창을 닫을 수 있으니 타인의 시선을 피할 수 있어 좋았다. 하숙집 아주머니가 하숙생들이 잠드는 밤 시간과 깨어날 무렵의 아침 시간에만 보일러를 가동하면서 하숙 자취생들을 교란하는 기술을 선보인 터에 깊이 잠든 한밤중엔 나도 모르게 추위에 떨어야 했다. 하지만 반지하가 주는 아늑함, 따뜻함이 있었기에 추운 겨울도 날 수 있었다.

방 크기는 푹신한 이불을 반으로 접어 매트용으로 깔면 바닥이 꽉 차는 정도였다. 반지하 자취방에서 탈출을 결심하게 된 계기는 내 방에서 공생하게 된 녀석들 때문이다. 그곳에서 다시 맞은 한여름의 어느 날, 바닥에 깔아놓은 두꺼운 이불을 우연히 들춰봤다. 그곳엔 내가 깨닫지 못하는 사이 푸르른 곰팡이들이 광범위하게 진을 치고 있었다. 이불을 세탁한다고 해도 씻길 정도의 수준이 아니었다. 한번 깔아놓은 바닥 이불을 침대인 것마냥 한여름에 십수 일씩 개지도 않았으니 곰팡이의 존재를 알 턱이 없었다. 외부 세력이 대량으로 방에 침투한 사실도 알지 못한 채 그렇게 잘도 살아왔다.

'반지하를 탈출해야겠다. 지상으로 가자.' 나그네 기질이 즉각 발동했다. 곰팡이는 하나의 좋은 구실이 된 셈이다. 새로운 거처를 경험해보고 싶었다. 곰팡이 가득한 이불을 폐기 처분했으니 이삿짐도 줄었다. 이사하면서 별로 들고 갈 것도 없었다. 책과 옷가지, 간이 옷장을 챙겨 그렇게 반지하와 작별했다. 그때는 반지하가 마지막일 줄 알았다. 결혼 후 신혼집을 반지하에서 시작하게 될 줄 그땐 몰랐다.

20대 대학생 시절,
반지하에서 지내면서도
이상만큼은 하늘을 날아다녔다.
생의 의미를 생각했고,
의미 있는 삶을 꿈꿨다.
앞으로 뭘 해서 먹고살아야 하나,
저마다 직업을 가지고 살아가는데
어떤 진로를 택해야 하나,
결혼은 할 수 있을까 등의 질문은
일단 뒤로 제쳐놓았다.
어차피 한때 나그네로 살 인생,
안락한 삶이 무슨 의미가 있을까
싶은 생각도 했다.

청춘에게 던지는 쇼펜하우어의 독설

재수생과 각종 시험 준비생이 많이 몰리는 노량진과 신림동, 내가 그 동네와 인연을 맺게 된 건 30대가 되어서였다. 전세 값이나 집값이 서울에서 그나마 싼 곳을 찾다 보니 청춘들이 집결한 이곳을 찾게 된 것이다. 두 동네 모두 도전하는 청춘들이 모인 곳이라는 공통점이 있다. 자취, 원룸, 하숙, 잠만 자는 방, 반지하, 옥탑방, 꼭대기 집 등 대체로 내가 살아봤던 주거 환경이 밀집된 지역이기도 하다. 이른 시간 출근하다 보면 어떤 날엔 오전 6시가 되기도 전에 학생들이 줄을 선 광경을 본다. '유명 강사의 강의가 있는 날인가' '마감이 빠른 유명 강의를 등록하는 날인가' 내용은 잘 알 수 없지만, 새벽같이 나와서 줄 선 모습을 보면 왠지 마음이 짠하기도 하고, 스스로를 돌아보며 열심히 살아야겠다는 다짐도 하게 된다.

대체로 한두 평, 서너 평의 주거 공간에서 기약 없는 미래를 준비하는 20대 청춘이 있다. 숨이 턱턱 막히고 좌절하기 쉬운 공간에 사는 청춘에게 어설픈 위로가 별 도움이 되지 않는다는 것을 알고 있다. 내 백수 시절에도 주변의 '잘될 거야'라는 위로가 귓가에만 맴돌 뿐, 가슴을 적시지는 못했던 기억이 난다. 위로가 필요하다고 해서 아무나의 위로가 위로가 되는 것도 아니다. 위로를 빙자한 간섭, 위로의 탈을 쓴 충고, 위로의 명함을 가장한 차별 짓기, 위로라 쓰고 고소함이라 읽는 속내 등 위선적 위로가 얼마나 많은가. 때로는 위로보다 솔직한 독설이 진심으로 와 닿을 때가 있다.

"고뇌의 기쁨을 맛보지 못한 청춘은 청춘이 아니다. 살아 있어도 살아 있는 게 아니다. 그대의 오늘은 최악이었다. 내일은 오늘보다 더 나쁠지도 모른다. 그것을 알면서도 그대의 청춘은 내일을 준비한다. 그것이 인생이라는 나그네의 길임을 그대는 알고 있기 때문이다."(쇼펜하우어)

독일의 염세주의 철학자로 알려진 쇼펜하우어의 저작을 김욱이 재구성한 『쇼펜하우어의 청춘독설』(가산출판사, 2011)을 읽다 보면 불편한 부분이 많다. 하지만 "거침없는 독설이 상처를 후벼 파고 아프게 하지만, 곧 새살을 돋게 하고 진정한 용기를 줄 것이다"라는 편역자의 말마따나 쇼펜하우어의 말은 거칠지만 적어도 어설픈 위로를 가장하지는 않는다.

"소유는 만족을 위함이 아니다. 소유는 의무의 시작이다. 내가 뭔가를 가졌다는 것은 내게 어떤 의무가 주어졌다는 신호다. 많은 것을 가질수록 나는 많은 의무로부터 괴로움을 겪어야 한다."

20대 때를 돌이켜보면 좁고 열악한 주거 공간에 살았지만, 이상은 높았고 현실을 한 수 아래로 봤다. 소유한 게 없었고, 의무에서도 그만큼 자유로웠다. 30대가 되면서 취업, 결혼, 출산 3종 세트 성공을 통해 안정감을 얻었지만, 소유는 또 다른 의무를 낳았다. 챙겨야 할 일이 많아졌고, 지성에 비해 야성의 힘이 떨어지는 게 느껴진다. 20대, 야성을 불태울 시기다. 100세 시대이자 '노인 청년'의 시대이긴 하지만 야성을 제대로 힘껏 불태울 수 있는 마지막 시기는 뭐니 뭐니 해도 20대다. 열악한 주거 환경, 야성미에 날개를 달아준다.

"사회적 신분과 보유한 재산이 존경받을 만한 업적으로 치부되고 있다. 계급과 부는 존경의 대상이 아니다. 그가 지금 하고 있는 일에 의해 존경과 멸시를 판단해야 한다. 그가 하는 일이 많은 사람들을 유익하게 해주고 있다면 그는 존경받을 만한 인물이다. 하지만 세상은 이와 반대로 치닫고 있다. 생산이라는 의무에서 자기 자신만을 해방시킨 부자들을 존경하고, 우리의 생활을 존속시켜주는 농민과 노동자의 수고는 천시한다."

전원주택을 소개하는 프로그램을 보면 자괴감이 들 때가 있다. '언제 저런 집에서 살아보나' 싶다. 뉴스를 보면 누구는 수십억 원을 벌었느니, 어떤 커플은 수백억대의 자산가라느니 떠들썩하다. 남부러울 것 없는 사춘기를 보내며 힘 있는 부모를 배경으로 쉽게 취업 문턱을 넘는 이들이 있다. 나라를 떠들썩하게 만든 어떤 사람은 본인이 원치 않았는데도 명문대에 들어갔다고 하소연하는 통에 공분을 산 적도 있다. 남들은 평생 발버둥 쳐도 이루기 어려운 것들을 쉽게 손에 넣은 부자와 권력자들이 알게 모르게 곳곳에 존재한다. 너무 부러워하면 지는 것이다. 한 번에 모든 걸 쫓아가려 해서도 안 된다.

그들만의 리그는 무시하면 그만이고 부정한 방식은 철저히 비웃으며 맞서 싸우면 된다. 다만 다가갈 수 있는 목표를 정하고 이루기 위해 진력해야 한다. 그들은 하루하루 계속되는 우리의 투쟁을 신경 쓰지도 않겠지만, 이런 방식은 우리만의 소심한 반격법이다.

> "사람들이 원하는 나로 평생을 살 수는 없다. 사람들의 눈높이에 나를 맞추려는 데서 모든 불행이 시작된다. 나는 어쩔 수 없이 나다. 내가 나를 부끄러워하지 않는다면 사람들도 나를 부끄러워하지 않게 될 것이다."

내가 나를 부끄러워하지 않으면 된다.

> "스무 살 이후 멈춰버린 성장을 대체하기 위해서는 성숙이 필요하다. 정신의 성숙이란 의지로써 마음을 만드는 것이다. 의지를 상실한 인간, 다시 말해 성숙에 도달하지 못한 인간은 축적된 의지를 허비하며 하루살이처럼 연명한다."

모든 것을 가진 사람은 성장을 향한 간절함과 의지가 조기에 사라질지 모른다. 하지만 좁아터진 방에 사는 우리네 청춘들은 의지를 불태워야 할 일이 너무 많다. 축적된 의지를 허비할 시간도 없는 것이다.

우편물을 제대로 수령할 권리

누군가 나에게 보낸 편지와 택배는 제대로 내 손에 도착해야 한다. 굳이 명명하자면 '우편물 수령 권리'다. 우편체계가 비교적 잘 잡힌 우리나라에서는 당연하게 누려야 할 권리다. 하지만 주거 빈곤이 때로는 이 권리의 사각지대를 낳는다. 무계획적으로 지어진 집, 원래는 한집이었으나 세를 목적으로 이상하게 본체에서 분리해낸 집, 반지하와 1층 사이의 불분명한 경계로 전문가들도 주소만 보고는 분간이 어려운 집 등 주거 빈곤으로 인한 우편물 수령 권리의 사각지대가 존재한다. 불안정한 주거에서 사는 20대가 특히 사각지대에 많이 노출돼 있다.

대학교 3~4학년 때 살았던 몇몇 자취집은 말로 설명하기가 참 쉽지 않은 구조다. 첫 번째 내가 살았던 집은 2층에 있는 방이었다. 주인집이 1층이었고, 2층에는 방 3개와 거실, 화장실이 있는데 그중 방 하나를 후배와 함께 사용했다. 거실과 화장실은 공동 사용 공간이었다. 주인집과 사용하는 문이 달랐다. 별개의 계단을 이용해 올라갔는데 이 계단은 경사가 가파르고 철제로 돼 있어서 계단을 '걸어 올라간다'라기보다는 '기어오른다'는 표현이 정확하다. 양손으로 양쪽 철제를 잡고 올라가지 않고 두 다리만 가지고 올라가다가는 언제 추락할지 모를 위험이 도사리는 계단이었다.

이곳을 주소로 표현하기가 참 모호하다. 당시 지번 주소 기준으로 동과 번지까지는 입력할 수 있었다. 우편물이 집까지는 배달됐지만 그 뒤부터가 문제다. 주소를 적을 때 2층으로 해놓으면 관행적으로 주인집에 맡겨놓는 일이 많았다. 주인집과 2층 통로가 다른데도 말이다. 주인이 내키면 2층으로 올라가는 입구에 우편물을 놓아주곤 했지만 그렇지 않을 땐 별도로 주인집 입구를 살펴봐야 했다. 학생 때 무슨 우편이 올 게 있다고 정기적으로 거기를 들여다보겠나. 한번은 외국에 가 있는 친한 친구가 보낸 엽서가 행방불명됐다. 그 사실도 뒤늦게 연락이 닿은 친구가 이야길 꺼내서 알게 됐다. 답장을 기다린 친구는 아무런 소식이 없자 넌지시 이야기를 꺼낸 참이었다. 엽서에 답장도 보내지 않는 친구에 대해 뭐라 생각했을까. 주거 사각지대는 이처럼 친구 관계에까지 악영향을 미칠 수 있다.

그 집, 2층의 나머지 두 방은 수시로 세입자가 바뀌었다. 그만큼 오래 살 곳은 못 되는 공간이었나 보다. 나는 거기서 1년 넘게 살았다. 월세는 25만 원 정도 했고, 그마저도 후배와 반반을 부담했다. 궁한 시절이었다. 한번은 다른 방에 동갑이 입주했다. 고등학교를 졸업하고 동대문에서 옷 장사를 하는 친구였다. 동갑이라 처음 이사 온 날부터 말을 트고 지냈는데, 도무지 얼굴을 볼 기회가 없었다. 그는 일의 특성상 밤에 일하고 낮에 잠을 잤다. 대학생인 나는 낮에 공부하고 밤에 잤다. 가끔 쉬는 날 그와 이야기를 하다 보면 그는 옷 장사를 하면서도 사업에 대한 꿈이 분명했다. 낮밤이 뒤바뀐 그의 삶을 보며 평소 '힘들다 힘들다' 했던 나를 돌아보게 됐다. 대학생, 부족한 환경이었지만 한편으론 너무나 많은 혜택을 받고 있었다. 학생 식당의 싼 밥, 여름엔 시원한 바람 겨울엔 따뜻한 바람이 나오는 도서관과 강의실, 그래도 낭만을 즐길 수 있는 시간들…. 몇 번 마주치지 못하고 그는 동대문과 가까운 집을 얻어 이사했다. 꿈을 이뤘을지 궁금하다.

주인아주머니는 방을 놀리는 게 아쉬웠던지 입시 철이 다가오면 지방에서 올라오는 수험생을 단기로 받았다. 한번은 어떤 아주머니와 여고생이 2층에서 왔다 갔다 하는 것이 아닌가. 남자들만 지내는 공간에서 깜짝 놀랄 일이었다. 알고 보니 다음 날 수시 시험을 보기 위해 모녀가 올라왔단다. 우리가 내심 불편할 정도였는데, 모녀는 오죽했을까. 낯선 곳에서 밤잠을 설치지나 않았는지 모르겠다. 그 주인은 그렇게 손님을 받아서 하룻밤 삯으로 얼마나 받았을까.

두 번째로 자취한 집은 다중주택이었다. 고시원과 비슷한 구조였지만 고시원은 아닌 곳, 고시원의 옛날 버전 정도로 보면 맞을 것이다. 화장실을 공동 사용하고 각자 주거 공간만 분리돼 있었다. 그런데 낡았다. 화장실도 일반 주택의 낡은 버전, 주거 공간은 내 방만 유일하게 나무로 된 미닫이문이었다. 화장실 바로 옆 입구에 있는 방이었는데 원래는 복도였지만 복도 공간을 활용해 분리하면서 미닫이문을 사용한 것이다. 나머지 방들은 낡기는 했지만 여닫이문이었다. 즉, 내 방이 그 다중 공간에선 가장 싼 방이란 얘기다. 월세 22만 원을 내고 혼자 살았다.

대학 4학년이라 이제 머리도 좀 커지고 혼자만의 공간이 필요했는데 웬만한 1인 공간은 30만 원을 넘었다. (여기서 잠시 정리하자면 내 대학 생활은 2인 1실, 1인 1실의 반복이었다. 1학년 2인 1실 하숙방, 2학년 1인 1실 자취방, 3학년 친한 후배와의 2인 1실 자취방, 2인 1실 원룸에 얹혀 살기, 4학년 1인 1실 자취방 등)

화장실 옆이고, 개조한 방이라 소음엔 취약했지만, 문을 닫고 있으면 독립된 공간을 맘껏 즐길 수 있으니 4학년씩이나 된 나에겐 안성맞춤이었다. 여기서도 우편물이 문제였다. 우편함 같은 건 없었고 출입구 우측에 우편물이 놓였는데 세입자가 10명쯤 되다 보니 우편물이 금방 쌓였다. 한 번씩 생각날 때마다 뒤적이지 않으면 폐기 수순을 밟게 됐다. 사는 사람의 우편물, 살았던 사람의 우편물, 이사를 떠난 지 꽤 된 사람의 우편물이 동시에 쌓였다. 10명이 사는 곳이지만 수십 명의 이름이 등장했다. 외국인 이름도 있었다. 혼돈이었다.

다행히 내 우편물 중 하나는 굳이 이름을 보지 않아도 눈에 띄는 게 있었다. 판매원의 현란한 말솜씨에 넘어가 6개월 치로 구독한《타임》지였다. 영어 공부 한번 해보자는 심정으로 넘어갔지만 마음에도 없는 영어 공부가 잘될 리 없었다. 게다가《타임》지와 같은 어려운 영어를 나처럼 토익에도 허덕이는 영어 초보가 겁도 없이 손을 댄 꼴이다. 제대로 낚인 것이다.《타임》지가 매주 도착했고, 매번 표지에 누가 등장했는지만 확인한 채 그대로 내 방에 쌓아두었다. '왜 미련한 짓을 했을까' 자책한 적이 한두 번이 아니다. 6개월 동안 영어 실력은 고사하고 자책감만 쌓였다. 그 약정이 끝나고 마음의 부담을 덜 때쯤 나는 군에 가기 전 마지막 이사를 한다. 입대를 앞두고 금전적으로 가장 빈곤했을 때 후배가 사는 원룸에서 기생해야 했다.

20대,
불확실성의 이면

10대 사춘기에는 부모가 이뤄놓은 성과물에 내 자존감이 좌우될 때가 많다. 30대는 좋든 싫든 결과물에 대한 책임을 내가 져야 한다. 20대는 과도기로써 부모에 의존했던 내 인생을 독립해 나가는 시기다. 사회에 나가는 출발선에 서게 된다. 누구는 금수저 은수저라 저만치 앞서 출발하기도 하고, 흙수저들은 바닥부터 시작해야 한다.

불확실성의 관점에서 보자면 바닥부터 시작하는 이들의 유동성이 가장 크다. 개천에 거주하는 이의 불확실성은 창의성으로 승화하기도 하지만, 대개는 공포로 주눅 들게 한다.

> "공포가 가장 무서울 때는 그것이 불분명할 때, 위치가 불확정할 때, 형태가 불확실할 때, 포착이 불가능할 때, 이리저리 유동하며, 종적도 원인도 불가해할 때다."(『유동하는 공포』, 지그문트 바우만 지음, 함규진 옮김, 산책자, 2009)

폴란드 출신의 세계적인 사회학자 지그문트 바우만은 불확실한 불안을 '유동하는 공포'로 봤다. 근대 이전에는 공포의 원인이 대체로 명확했지만 갈수록 위협의 정체가 불확실하기에 대처할 방법이 마땅찮은 것이다. 불분명한 공포의 위협에 달려들어 맞서려 해도, 싸워볼 도리가 없다는 것만큼 무기력해지는 일이 또 있을까. 테러가 대표적 예라 할 수 있지만, 유동하는 공포의 정체는 거기서 끝이 아니다.

근대에서도 세대로 따지자면 20대, 신분으로 보면 부모로부터 물려받을 것 하나 없는 '개천 태생'의 불확실성이 단연 1위다. 불확실한 미래에 더해 불안한 미래가 기다리고 있다. 현재도 불안정한 판국에 미래를 어떻게 대비해야 할지 판단하기 쉽지 않다. 불확실한 세대와 계층을 향해 '확실한 무언가를 갖추라'고 강요하는 것은 일종의 횡포다. 이들이 느끼는 책임의 무게와 그 압박은 말하지 않아도 이미 크다. 바우만의 책에서도 유동하는 공포에 맞설 만한 뚜렷한 해결책은 보이지 않는다. 여기서 끝이라면 '개천 태생 20대'는 절망이다.

절망에 그치지 않는 해법을 나는 불확실성의 이면에서 찾았고 그 지점에서 발버둥 쳤다. 20대라는 동전의 한쪽 면을 지배하는 것이 불확실성이라면 그 반대편에는 무한한 가능성이 자리하고 있다. 불확실한 불안이 '유동하는 공포'인 것은 분명하지만, 이면을 어떻게 활용하느냐에 따라 '유동하는 즐거움'이 탄생하기도 한다. 불확실성의 이면에는 역설적 성격이 존재하는 것이다.

불확실한 미래를 소유한 이들의 무기는 여러 가지다. 가진 것이 없어도 떳떳할 수 있다. 한 뼘짜리 고시원이나 보증금 없는 자취방에서도 문학과 역사, 철학을 이야기하는 응축된 힘을 가지고 있다. 낭만이 사라진 시대라고는 하지만 여전히 대학 잔디밭에서 짜장면도 시켜먹고 밤샘 연애에도 열중할 수 있는 나이다. 내 집이 누추하다해서 감출 필요가 없고, 곰팡이 올라오는 자취 집에 친구들을 서슴없이 불러 모을 수 있다. 부모의 경제력에 기대 자만하거나 부모의 경제력 없음에 비탄하는 건 지지리도 못난 놈만 하는 짓이라고 맘껏 조소를 날려줄 수도 있다.

앞서 언급했던 고급 빛깔을 띠는 수저와 흙수저 간의 경주에서 출발선을 조정하기란 개인의 의지만으로는 버거운 일이다. 사회적 해법도 한계가 있다. 출발선을 조정하기는 어렵더라도 각각의 출발선에서 어느 만치 도약했는지를 잣대로 성패를 평가한다면 내가 할 수 있는 일이 생각보다 많다. 출발선이 다르다는 사실은 상심할 만한 일이지만, 누군가에겐 이것이 도리어 불공평을 뒤집겠다는 오기로 작용하기도 한다.

용의 가문에서 용이 나는 것은 큰 변화로 보기 어렵지만, 개천에서 용이 나는 것은 유동성의 끝판왕이다. 최근 저소득층-고소득층 간 가구 소득 격차가 더 벌어지고 빈곤한 가구가 빈곤에서 탈출할 확률이 한 자릿수에 머무는 것을 보고 '개천에서 용 난다'는 말은 옛말이 됐다고 한다. 물론 개천에서 태어난 이가 개천에서 쭉 살게 될 확률이 과거보다 커진 것은 분명하다. 그렇지만 개천에서의 성공이 더 주목받는 시대가 된 것도 분명하다. 비관만 한다고 달라질 것은 아무것도 없다. 어쩌면 주거 투쟁의 시작은 유동성의 공포를 유동성의 즐거움으로 변환하는 마음의 자세에서 출발한다고 해도 과언이 아니다.

주거 형태를
말하기 힘든 사람들

주거가 빈곤 형태로 갈수록 쉽게 설명하기 어렵다. 빈곤한 주거 환경에서 살아본 사람이라면 자신이 살았던 곳이 어떤 형태였는지 제대로 설명하지 못하거나 헷갈릴 때가 있다. 큰 범주로 정리하면 다음과 같다.

단독주택 : 독립 세대 주택(말 그대로 독립된 주택), 다가구주택(주인집이 있고 나머지 층은 전·월세 놓은 집), 다중주택(고시원 등 주거공간만 독립, 공동 화장실·샤워장 이용)

공동주택 : 아파트(5층 이상), 다세대주택(빌라, 4~5층 미만), 연립주택(빌라와 비슷하지만 좀 더 넓은 형태), 도시형 생활주택(도심 대로변 300세대 미만 나홀로 아파트)

20대 내가 살았던 집 중, 공동 화장실을 이용하고 방만 분리됐던 집은 다중주택에 속한다. 2층 3개 방 중 하나만 쓰면서 거실과 화장실을 공동으로 사용했던 곳은 다가구주택이라 할 수 있다. 다가구주택의 한 층에 있는 세 개의 방 중 한 곳에 세 들어 살았던 것으로 엄밀히 말하면 '다가구주택에서 월세로 살았다'보다 '다가구주택에 있는 세 개 방 중 한 곳에 월세로 살았다'가 정확할 것이다.

30대가 돼서 처음 전세를 얻어 살던 반지하 집도 꽤 오랫동안 '다세대주택'이라고 생각했다. 몇몇 세대가 한 집에 모여 살기 때문에 단어가 주는 어감상 다세대라는 표현이 맞는다고 생각했다. 하지만 정확한 명칭은 다가구주택이었다. 둘 모두 건물 연면적 660m^2 이하, 각 세대가 하나의 건축물 안에서 각각 독립된 주거생활을 한다는 점 등 외관상으로는 비슷하다. 가장 큰 차이는 구분소유 및 분양 가능 여부다. 다가구주택은 소유주, 즉 주인이 한 명이고 나머지는 다 세입자다. 반지하 신혼집은 우리가 전세로 살았고, 1층은 주인집, 다른 반지하와 2층에는 세입자가 살았기 때문에 다가구주택이 맞다.

이에 비해 다세대주택은 301호, 302호 등 각각 호수마다 세대주가 있는 구조다. 쉽게 말하면 빌라다. 이 차이는 주소를 적을 때도 크다. 빌라는 301호, 302호 명확하다. 하지만 반지하 다가구주택에서는 주소가 번지수까지는 똑같지만 그 뒤로는 다르다. '○○구 ○○동 ○○번지'까지 적으면 주인집인지 반지하인지 2층인지 구분이 가지 않는다. 그 뒤로 1층, 2층 이렇게 적어줘야 한다.

문제는 우리가 살던 전세에는 반지하가 두 곳이라는 점이었다. 우리 집과 다른 편 반지하 구분이 어려웠다. 그래서 우리 현관문에는 '가'라고 적혀 있었고 저쪽 반지하는 '나'라고 적혀 있었다. '○○구 ○○동 ○○번지 반지하 가 호'라고 적어야 했다. 그런데 주소를 적을 때 반지하라고 적는 건 때로는 자존심 상하는 일이기도 했다. 실제로 누군가가 주소를 알려달라고 할 때 반지하를 드러내기 싫어 반지하라는 말을 빼고 그냥 '가 호'라고 적기도 했다. 우편집배원과 택배 기사의 혼란이 시작되는 지점이다. 다가구주택에서 가 호가 도대체 어디란 말인가! 이럴 땐 우편물이 주인집으로 가거나 표류하기도 했다. 이 자리를 빌려 괜히 체면 차리느라 우편집배원과 택배 기사께 혼선을 드린 점 사과한다.

다가구주택은 그래도 살 만하다. 다가구주택은 생활공간이 분리되지만, 다중주택은 그렇지 않다. 공동 화장실, 공동 샤워장을 사용한다. 이 차이가 얼마나 큰지는 공동 화장실을 이용해본 사람만 안다. 욕실에서 씻고 나서 알몸으로 방에 들어올 수 있다는 것은 엄청난 자유고 축복이다. 다중주택은 이 자유가 제한된다. 간막이로 나눠진 비좁은 샤워장에서 씻은 뒤 몸을 닦고 옷까지 입고 나와야 한다. 몸만 겨우 들어가는 공간에서 이 모든 것을 하기가 번거롭다. 괜히 세입자들의 이동이 뜸한 시간이라고 알몸으로 방까지 가려 했다가는 치한으로 몰릴 수 있고 신고가 들어갈 수 있으니 주의가 요망된다.

빌라보다 면적이 넓으면 연립주택, 5층 이상이면 아파트, 한 개의 동이 독립돼 있는 도심 대로변에 있는 건 도시형 생활주택으로 분류된다. 심플하다. 빌라나 아파트에 살면서부터는 구질구질하게 설명하지 않아도 돼서 좋았다. 현대인이 빌라나 아파트를 선호하는 이유 중 하나에 이런 편리함도 추가해본다.

이런 기본적인 주거 형태는 본류다. 본류에서 파생된 아류도 상당히 많다. 요즘엔 '원룸형 고시원'을 많이 볼 수 있다. 이는 다중주택인 고시원이 변형된 아류 형태다. 결정적으로 고시원은 공동 화장실을 이용하지만, 원룸형 고시원은 고시원 형태인 건 맞지만 방에 화장실이 달려 있다는 점에서 차이가 난다. 위에서 말한 공동 샤워장과 화장실에서부터 방까지 알몸으로 내달려 치한으로 내몰릴 만한 위험요소를 사전에 제거했다고 볼 수 있다. 그밖에 고시텔, 원룸텔 등 온갖 종류의 텔도 있고, 다중주택을 건축법상 불법으로 개조해 문제가 되는 주거 공간도 있다. 돈을 벌기 위해 편법, 불법 정도는 쉽게 감행하는 세상이다.

고시원 명칭을 변경해야 할까

20대에 웬만한 독신의 주거 형태를 다 경험해봤지만 유일하게 경험하지 못한 것이 고시원이다. 여자친구가 사는 고시원에 가끔 놀러 가서 옆방에 목소리가 들릴세라 숨죽이고 있었던 간접 경험 정도다. 대학가의 고시원은 당연히 좁았지만 그래도 공부하는 학생들을 유치하는 입장이어서 그랬는지 대체로 깔끔했다. 하지만 숨 막히는 공간이 마음에 들지 않았다.

고시원과 비슷한 가격에도 자취하는 곳이 나는 편했다. 자취방은 구조로만 보면 고시원과 비슷했지만 더 넓고 허름했다. 넓이와 시설의 낡은 상태를 서로 상쇄하니 같은 가격이 나오는 것이다. 낡고 지저분했지만 숨이라도 제대로 쉬면서 살고 싶었다. 어차피 허름한 구조였기 때문에 웬만한 소음에 대해선 다들 인정하고 넘어가는 분위기가 있었다. 하지만 고시원은 조금이라도 목소리를 높이면 안 될 것 같은 압박감이 들었다. 그래서 고시원만은 패스였다.

처음 대학에 갔을 땐 고시원은 고시생들이 들어가는 곳인 줄 알았다. 고시생들도 물론 있었지만, 형편이 넉넉지 않은 학생들이 들어가는 곳이라는 걸 신입생 생활을 한 지 얼마 되지 않아 금방 알 수 있었다.

고시원의 용도 자체가 과거와 달라진 것이다. 고시원을 키워드로 해서 1990년대 기사를 찾아보면 고시원은 고시와 관련한 내용이 대부분을 차지한다. 시험을 준비하던 고시생이 음독자살로 숨졌다는 좋지 않은 소식부터 한 고시원에서 무려 수십 명의 2차 시험 합격자가 나왔다는 화제성 기사도 등장한다. 고시원에서 공부해 수석 합격의 영광을 차지한 에피소드도 나오고, 정신이상 증세를 보인 고시생이 누군가를 칼로 찌르고 자해를 기도했다는 안타까운 소식도 있다. 이 범죄도 역시 고시를 하다가 정신적 문제를 일으킨 셈이니 고시와 관련된 내용이다. 좋든 나쁘든 주인공은 대부분 고시원 사는 고시생이었다.

> "지난 17일 발표된 금년도 사법시험 2차 합격자 282명 가운데 14%에 해당하는 39명이 같은 고시원 출신인 것으로 밝혀져 화제가 되고 있다. 화제의 고시원은 서울 관악구 신림9동 '○○고시원'으로 올해 사법시험 2차 시험결과 이 고시원 출신 39명이 합격한 것으로 밝혀졌다…."(1993. 9. 19. 연합뉴스)

당시만 해도 고시원은 이처럼 고시에 도전하는 학생들이 합격을 위해 최적의 장소로 선택한 곳이라는 의미가 컸다. 고시생들을 위한 공간이기에 수험생들이 공부에만 전념할 수 있도록 하는 완벽한 방음시설 등 금욕주의적 요소가 경쟁력으로 작용했다. 생활하는 곳이라는 주거 의미보다 고시 공부라는 학습의 목적이 우선이었다. 좁은 공간, 압박을 주는 환경 등은 오히려 학습 목적에서 보면 권장할 만했다.

그러나 지금 고시원은 의미가 완전히 다르다. 더 이상 고시하는 사람들이 공부하기 위해 찾는 최적의 공간으로 인식되지 않는다. 보증금을 낼 돈이 여의치 않거나 매달 들어가는 월세가 빠듯해 가장 싼 거주지를 찾던 와중에 고시원으로 들어가는 사람이 많다. 과거에는 고시를 준비하는 대학생이나 복학생, 졸업생이 고시원을 찾았다면 요즘은 대학생, 일반인, 직장인, 퇴직자, 다양한 업에 종사하는 자 등 세대와 직업을 불문하고 고시원을 찾는다.

요즘 고시원 관련 기사는 고시생들이 주인공이 아니다. '고시원 정신이상자 묻지마 흉기 난동'에서 이 정신이상자는 고시를 준비하던 학생이 아니었다. 그냥 고시원에 사는 사람이었다. '50대 남성 "날 감시한다"…고시원 흉기 살해' '고시원 소음 문제로 다투다 회칼 휘두른 40대' 등도 마찬가지다. 고시와 상관없는 주거 빈곤에 처한 이들이 세상을 비관하고 극단적 범죄를 저지른 기사가 다뤄진다. 그렇지 않으면 창문도 없는 고시원에서 생활하는 20대 청년들의 궁핍한 생활상이 등장하는 신문과 방송 기사의 무대로 고시원이 활용된다. 노량진과 신림동 등 과거 잘 나갔던 고시촌이 고시 폐지로 힘을 못 쓰는 사회상이 다뤄지는 경우도 있다. 사법고시는 법학전문대학원과 변호사시험으로 변경됐고, 외무고시도 국립외교원과 자격시험으로 대체됐다. 고시원을 배경으로 고시에 합격했다는 미담은 언제부터인가 자취를 감췄다. '○○ 고시원 ○○○, 사법고시 ○차 합격' 등의 플래카드나 고시원 팻말도 요즘은 쉽게 보기 힘들다.

문학평론가 조연정은 『서울의 인문학』(류보선 · 염복규 외 10명 지음, 창비, 2016)에서 고시생이 더 이상 살지 않는 고시원이 "빈곤층의 주거 형태인 '판자촌' '비닐하우스촌' '지하방' '쪽방' 등의 계보를 잇는 공간"이라고 봤다. 또 "실업과 장기적인 고용 불안으로 인해 이혼율이 증가하고 출산율과 혼인율은 감소하면서 1인 가족의 수가 기하급수적으로 증가하였고 이에 따라 고시원 혹은 원룸에 대한 수요가 늘어났다"고 분석했다.

고시원, 이제 더는 고시생만을 위한 공간이 아니다.

‘해뜨기 전이 가장 어둡다’, 원룸에 얹혀살기

하나의 일을 매듭짓고 새로운 일을 도모하기 전에는 주머니 사정이 시원찮은 법이다. ‘해뜨기 전이 가장 어둡다’고 했다.

대학 졸업 후 학사 장교로 군대에 가게 됐을 때, 입대 직전이 그랬다. 군에 가기 전 민간인 신분으로 주어진 마지막 시간, 아르바이트로 시간을 쓰는 게 너무 아까웠다. 대학을 졸업했으니 나이도 먹을 대로 먹어서 부모님께 손을 벌리기도 민망했다. 고향에 내려가서 집세를 좀 아끼자니 현재의 생활터전을 버리고 고향으로 가는 게 싫었다. 서울살이 몇 년을 하면서 친구든 뭐든 생활기반이 어느덧 서울로 옮겨져 있었기 때문이다. 군에 가기 전 부지런히 친구들도 만나고 여자친구와도 시간을 보내야 했기에 이 모든 걸 포기하고 고향에 내려가서 시간을 보낼 수는 없었다. 서울에 살기는 살아야 했다.

돈이 없어 고민할 때 내 사정을 잘 아는 친한 후배가 흔쾌히 자기 집에서 살아도 된다고 했다. 호의는 돌고 도나 보다. 나도 대학 시절, 그 후배가 배고플 때 밥도 많이 사주고 했던 터였다. 물론 돈으로

만 따지면 밥 몇 끼와 월세를 비교하긴 어렵다. 아직 기회가 오지 않았지만 언젠가 내가 다시 그 후배에게 호의를 베풀 기회가 올 것으로 믿는다.

워낙 친한 후배였고 그 후배의 집안 형편이 넉넉했던 편이라 서로가 부담을 크게 갖지 않고 지낼 수 있었다. 저녁에 함께 학교 운동장에 운동도 하러 가고, 연애 고민 상담도 했다. 나도 막 연애를 시작한 때라서 후배는 내 연애사에 무척 관심이 많았다. 내가 신세졌던 곳은 과분하게도 깔끔한 원룸이었다. 후배 부모님이 꼬박꼬박 보내주시는 월세에 빌붙어 깨끗한 원룸에서 지낼 수 있었다. 화장실도 있고, 층마다 공동 사용할 수 있는 세탁 공간이 있었다. 한 층에 두세 원룸밖에 없었으니 세탁기 사용시간이 크게 겹칠 일도 없었다. 열심히 빨래도 하고 청소도 했다. 뭔가 몸으로라도 보답하고 싶은 마음에서였다.

대학을 다니면서 이렇게 괜찮은 공간에서 살았던 적이 딱 한 번 있었다. 대학 3학년 때, 선배와 함께 원룸에 살았다. 보증금과 월세를 선배가 부담하고 나는 얼마인지 정확히 기억나지는 않지만, 월세의 일부만 냈다. 15만 원 아니면 20만 원이었던 것 같다. 10만 원이었다면 그 선배가 지금 들으면 섭섭할 소리다. '내가 얼마나 싸게 살게 해줬는데 그걸 기억 못 해?' 이러지는 않을지. 보증금이 1000만 원 정도 되는 원룸이었는데 내 능력으로는 도저히 그 보증금을 마련할 재간이 없었다.

대학생의 매력 중 하나라면 이런 얹혀살 기회가 아닐까. 이해관계가 그리 밝지 않은, 뜻이 맞는 선후배나 친구지간에나 가능한 일이다. 그 덕분에 비록 원룸살이가 몇 달밖에 되지는 않았지만, 깨끗한 원룸에서 나름의 사치를 누리며 살 수 있었다.

벌써 10년이 훌쩍 지난 이야기다. 그사이 나는 돈에 눈을 떴고 이해관계에도 밝아졌다. 달린 식구도 한둘이 아니다. 그 선배나 후배도 마찬가지일 것이다. 그의 어려움에 이제 내가 손 내밀 만한 여유가 있을까. 가정을 이룬 지금의 그들 역시 내가 만약 어려운 사정이 생긴다면 그때처럼 선뜻 호의를 베풀 수 있을까. 그들의 호의를 갚겠다던 내 다짐은 낭만에서 비롯됐지만, 막상 현실의 벽에 부딪혔을 때 막혀버릴지도 모를 일이다.

나이가 들면서 염치가 생기는 것은 다행스러운 일이다. 누군가의 호의에 길들여져 매번 넙죽넙죽 받아먹기만 한다면 염치없는 사람이 된다. 어떻게든 자립하기 위해 노력하고 최선을 다하는 태도는 나이가 주는 긍정 효과다.

하지만 그러다보니 인간관계 측면에서는 벽도 생긴다. 20대 순수했던 청춘들이 세상의 이치를 알아가다 보면 고려해야 할 것들이 많아진다. 30대만 돼도 친구 간에 따로 시간을 내서 만나기가 쉽지 않다. 대학 동기들은 대부분 결혼을 했고, 누군가는 아이들이 있다. 대학 동기들이 1년에 한 번 모임을 하려 했던 적이 있다. 평일에 약속 잡기가 어려워 토요일 하루를 정했다. 한 달쯤 뒤의 어느 주말에 보자고 약속 날짜를 정했다. 모두 의욕적으로 너도나도 오겠다고 했다. 하지만 막상 약속된 날이 다가오자 하나둘 사정이 생겼다. 나름의 그럴듯한 이유였다. 자연스러운 사정인지 인위적 사정인지 분간하기 어렵다. 아마도 가족의 문턱을 넘지 못했을 것이다. 평일 치열하게 직장생활을 하는 동기들이, 주말 가족과 함께 보낼 시간을 희생하기가 쉽지 않을 것이다. 10년 만에 참 많은 게 변했다. 30대 가장이 된 지금, 염치없이 무일푼으로 얹혀살던 때가 한 번씩 그립다. 이해관계 없이 온전히 순수한 우정을 나누었던 그 시절이 그리운 탓일 게다.

20대 주거 독립을 준비하라

"돈 없으면 집에 가서 빈대떡이나 부쳐 먹지…"(〈빈대떡 신사〉, 한복남)라는 노래 가사가 유행하던 시절이 있었다. 이 가사는 과거에나 통했지, 지금 현실과는 좀 맞지 않는다. 두 가지 점에서 그렇다.

빈대떡은 녹두를 맷돌에 갈아서 전병처럼 부쳐 만든 음식이다. 요즘 빈대떡은 맛집에서나 볼 수 있는 별미다. 헐벗던 시절 가난한 사람들의 출출한 배를 채워주던 간식으로 여겨지던 건 옛말이다.

두 번째로 집에 가서 빈대떡이나 부쳐 먹는 일이 쉽지 않다. 취사시설이 마련돼 있지 않은 고시원과 기숙사, 잠만 자는 방에 사는 사람에게는 더욱 그렇다. 보증금 내는 월세, 원룸 등 취사시설이 마련돼 있는 집에서나 뭐라도 부쳐 먹을 수 있는 주거 구조다. 요즘 이 노래를 부른다면 '돈 있으면 집에 가서 빈대떡이나 부쳐 먹지…'라고 하는 게 맞다.

20대는 전을 부쳐 먹지 않아도, 취사시설이 마련돼 있지 않아도 아쉬운 대로 살 수 있다. 20대 내 삶에서 주거가 차지하는 비중이 크지 않았다. 하지만 30대는 분명 다르다. 특히 결혼하고 출산해서 가족이 생긴다면 책임져야 할 위치에 서게 된다. 좀 더 좋은 환경에서 부부 생활을 하고, 아이들을 양육할 의무가 생기는 것이다.

20대는 이처럼 다가올 30대를 대비해 주거 독립을 준비해야 하는 시기다. 20대에 맘껏 자유를 꿈꾸더라도, 30대가 돼서 집에서 맛있는 빈대떡 정도는 부쳐 먹으려면 대비가 필요하다. 우리는 이런 대비가 잘 되고 있을까. 우리나라는 보통 대학, 졸업, 취직에 이르기까지, 더 나아가 결혼까지 부모에게 의존하는 경향이 강하다. 그뿐인가. 결혼하고 나서도 부모에게 손을 벌리는 경우도 꽤 된다. 하지만 독립하지 않고 부모든 누군가에게 의존하는 삶을 과연 주도적이고 주체적인 삶이라고 할 수 있을까. 20대에 의존에 길들면 정작 주체적인 힘을 발휘해야 할 30대에 어떻게 능동적으로 인생을 살아갈 수 있을까.

지금은 작가라는 직업이 가장 어울리는 유시민은 '성장문답'에서 20대 대학생들에게 "부모든 남이든 누군가에게 의지 · 의존하는 삶은 존엄한 삶이 되기 어렵다"며 독립할 준비를 하라고 말한다. 그것을 위해 대학 때 "평생 동안 내가 해도 괜찮을 거 같은 일을 찾아야 하고, 그 일을 남들보다 훨씬 잘하면 좋다. 그러나 최소한 남들만큼은 잘해야 한다"고 말했다.

20대에 하는 주거 독립 준비는 생각보다 중요하다. 이걸 제대로 못 하면, 주거에 매이게 된다. 돈이 많은 사람은 돈에서 자유롭거나 돈에 매이거나 선택할 수 있지만 가난한 사람은 선택지가 없다. 돈에 매일 수밖에 없게 된다. 매달 날아드는 각종 청구서의 납부일을 계산해야 하고, 대출받은 이자와 원금이 언제 빠져나가는지를 꼼꼼히 챙겨야 한다.

율곡 이이의 『격몽요결』에는 '가난에 쪼들려 마땅히 지켜야 할 것을 잃는 사람이 많은데, 가난에 마음이 흔들려 올바른 도리를 실천하지 못하면 배움을 어디에 쓰겠는가'라는 구절이 나온다. 뜻을 펼치고자 하는 사람도 생활이 받쳐주지 않으면, 즉 가난하면 거기에 매여 뜻을 펼치기 어렵다. 20대에 이상을 꿈꾸면서도 현실을 대비해야 하는 이유다.

주거를 대비하라고 해서 부동산에 투자하라거나 돈을 모으라는 의미는 아니다. 부모에게 의존하지 않고 독립해 먹고살 수 있는 일을 준비해야 한다는 뜻이다. '무슨 일이 있어도 20대에는 독립하겠다'라는 마음자세와 '취업 때까지, 결혼 때까지, 아니면 그 뒤에도 부모에게 손을 벌리겠다'는 마음자세의 차이에 따라 삶에서 나타나는 결과물도 확실히 달라진다.

배수진 효과라고 할까. 나는 대학 졸업 후 부모에게서 독립했다. 장교로 군에 가서는 월급으로 생활했고, 전역 후 백수 시절에는 배수진을 치고 취업을 준비했다. 결혼식도 부모님께 돈 한 푼 받지 않고 둘의 힘으로 치렀다. 신혼집도 마찬가지였다. 전세자금 대출을 신혼부부 둘이서 한도 끝까지 받아 마련했다.

이런 독립적 자세는 30대가 돼서도 유용했다. 30대 주거 투쟁이 햇빛 잘 들고 공기 좋은 환경을 찾아 떠나는 여정이라고 한다면 20대에 키운 독립의 마음가짐이 큰 힘으로 작용했다. 때때로 찾아든 주거 업그레이드의 기회를 놓치지 않고, 강하게 추진하는 힘이 됐다. 20대, 다시금 강조하지만 '이상은 자유롭게' '현실은 철저하게'.

군대라는
공간을 생각하다

군대는 밀폐된 공간이다. 밀폐는 외부의 침투를 허용하지 않는다. 안보가 샐 틈이 없도록 사방을 꼭 닫고 막지 않으면 안 된다. 너나나나 드나들 수 있다면 그건 군대가 아니다. 군대는 아군의 진입만을 허한다. 그나마 있는 출입문도 위병소 등에서 신분 확인을 거치는 등 오가는 절차가 까다롭다. 밀폐 상태를 유지하기 위해 감수해야 할 일들이다.

군에 입대하는 사병들이 2년 안 되는 복무 기간 중 가장 아쉬워하는 부분은 뭘까. 자유의 제약, 훈련의 고됨, 외부 관계의 단절, 감질맛나게 짧은 휴가와 외박, 청춘의 열정을 해소하지 못해서, 보고 싶은 애인과 가족 등. 복합적이겠지만 나만의 주거 공간이 없다는 것도 하나의 요소가 된다.

군대에서는 자신의 일거수일투족이 외부에 노출된다. 대변을 보기 위해 화장실 칸에 들어가는 그 짧은 시간을 제외하고는 말이다. 요즘엔 달라졌는지 모르지만 신병이 처음 전입 왔을 땐 선임병 중 누군가 동행해서 화장실에 갔다.

밀폐된 데다 혼자서 자유롭게 지낼 만한 공간이 없는 곳이 군대다. 그곳에서 20대 청년들이 국방의 의무를 부여받고, 자유의 제약을 견뎌내야 하는 의무도 동시에 강요받는다. 군 복무 의무가 없는 외국의 20대와 비교하면 좀, 아니 많이 억울하다. 그들이 혼자만의 주거 공간을 보장받고 자유로운 시간을 보내는 사이 우리네 청춘들은 한창 나만의 시간이 필요한 나이에 밀폐된 공간 속 개인이 완전히 노출되는 군대에서 시간을 보낸다.

군복무의 장점이 어떤 것이 있는지 굳이 꼽으라고 한다면 자신을 돌아볼 시간이 많다는 것이 아닐까. 자신의 가치관, 세대, 집안 배경, 학벌, 사회적 지위, 재능 등 모든 외적 요소가 일차적으로 푸른 군복에 가려진다. 학벌이 뛰어난 녀석이나 지방대를 나온 녀석이나, 빈부 차이가 나는 선후임이 군복 안에선 일단 동일한 조건이다. 사회생활에서 받았던 수많은 칭찬과 상들이 군대에서는 군복에 가려져 빛을 발하지 못한다.

존 롤스가 『정의론』에서 말했던 '무지의 베일'이 일정 부분 군대에서는 강제적으로 실현된다. 롤스는 이 베일을 뒤집어 쓴 원초적 입장에 선 개인이, 자신의 사회적 위치나 특수한 사실을 알지 못하는 상태에서 공정한 사회를 만들기 위해 합의하게 될 원칙을 찾는다고 봤다. 이러한 롤스의 가정, '모든 배경을 가리는 베일을 뒤집어쓰는 상황'이 현실에서 적용되는 경우가 얼마나 될까.

군대에서 17주 동안 군사훈련을 받을 때(학사장교로 군에 가서 사병보다 훈련 기간이 길었다.) 존 롤스가 말했던 '무지의 베일'이 떠올랐던 건 왜일까. 군복은 일종의 베일이다. 극한 훈련 상황에서 내가 어떤 대학을 나왔고, 어떤 배경이나 소질을 가진 사람인지가 별로 중요하게 여겨지지 않았다. 내가 20여 년 간 이뤄놨던 모든 것을 군복 안에 감추고 바닥부터 처음 시작하는 느낌이었다.

군대가 '무지의 베일'을 실현할 수 있는 공간이라는 생각은 어쩌면 현재 군 복무 중인 자, 군 입대를 앞둔 자에게는 한가한 소리로 들릴 뿐이다. 군에 다녀온 예비군들이나 그 시절을 추억하며 철학하고 사색할 수 있을 뿐이다. 막상 훈련을 받기 시작하면, 밀폐된 군대 속에서는 사실 '무지의 베일'을 느낄 겨를도 없다. 단지, 국방부의 시계가 빠르게 돌아가길 바랄 뿐.

사병들이 옹기종기 모여 앉은 생활관이 점차 현대화되는 것은 군인도 숨은 돌려야 한다는 시대의 끊임없는 요구가 반영된 결과다. 제 의지와 상관없이 인생의 최전성기를 군에서 보내야 하는 20대를 생각한다면 군 현대화와 예산 지원은 아무리 강조해도 지나침이 없을 것이다. 누구나 다 가는 군대인데 뭘 그리 호들갑이냐는 시선은 곤란하다. 할 수 있는 최선을 다해 지원을 해야 한다.

그나마 장교로 복무했던 나는 숨 쉴 공간이 있었다. 간부 숙소(BOQ)에서다. 군대에서 개인의 생활이 사병보다는 더 보장되는 것, 장교로 군에 간 이유 중 하나다. 국방의 의무 못지않게 최소한의 자유도 놓치고 싶지 않았다.

장교라고 군 생활이 편한 건 아니다. 군복을 입고 있으면 장교든 사병이든 겨울이면 유달리 춥고, 여름이면 민간 생활 때보다 더 덥게 느껴지는 건 어쩔 수 없다. 사병은 통상 다른 선임 사병 혹은 초급 간부들의 지휘를 받지만, 장교는 선임 장교의 지휘를 받는다. 군 복무 3년의 기간 동안 GOP 대대와 연대, 사단에서 평균 1년 정도씩 근무한 나로서는 대대에 있을 때는 매일 중령(무궁화 둘), 연대에 있을 땐 대령(무궁화 셋), 사단에 있을 때는 소장(별 둘)과 참모(무궁화 둘), 그 밖에 무수한 무궁화들을 날마다 대면해야 했다. 더 높은 계급에 있는 사람은 군 경험이 그만큼 많고 그들의 지휘를 받는다는 건 어쩌면 초급 장교나 선임병의 지휘를 받는 사병보다 피곤한 일일 수 있다. 야근할 일도 많고, 야간 밤샘 근무를 서는 일도 잦았다.

힘들 때 위안을 줬던 곳이 간부 숙소다. 소위로 임관해 중위 중반이 될 때까지 2인 1실을 사용했다. 그나마 자유지만 둘이 함께 공간을 나눠 썼기에 온전한 자유가 아니다. 게다가 함께 공간을 사용하는 장교는 나보다 선임이었다. 계급이 높다는 자체만으로 함께 방을 쓴다는 게 피곤했다.

전역을 앞두고 마지막 1년 정도만 1인실을 사용할 수 있었다. 그때는 유일하게 밀폐 속의 온전한 자유였다. 한두 명 성인이 누우면 꽉 찰 만한 좁은 공간이었지만 그때 알았다. 공간의 넓이가 자유의 체감도와 비례하지 않는다는 사실을 말이다. 그저 혼자 있는 방 자체가 위로가 됐다. 아무리 좁은 공간도 남의 시선을 의식하지 않고 지낼 수 있다면 자유로운 공간이다.

군대 간부 숙소는 대부분 자연 환경과 인접한 곳에 있다 보니 에피소드도 많다. 간부 숙소 복도에 뱀이 출현한 날도 있었다. 숙소 출입문을 제대로 닫지 않은 결과였다. 한창 무더운 여름날, 뱀도 무더위를 피하고 싶었는지 그늘을 찾아온 것이다. 적을 만났을 때만큼이나 숙소에 있던 간부들도 당황했다. 그때 마침 수십 년을 군에 몸담은 행정보급관(상사)이 막대를 휘휘 저으며 여유 있게 뱀을 쫓아냈다. 노련함이란 이런 것이다. 간부 숙소 복도에 있던 뱀을 발견하지 못하고, 내 방문을 열어두기라도 했다면 어쩔 뻔 했을까, 안도의 한숨이 나왔다.

한번은 내 방문을 제대로 닫지 않았는지 쥐가 한 마리 내방했다. 밤에 숙소로 들어갔더니 쥐는 이미 책상 뒤편에 틀어박혀서 나오지 않고 있었다. 거점을 제대로 잡은 쥐를 쫓아낼 방도가 없었다. 찍찍이를 놔두고 과자를 올려두면 언젠가 쥐가 덫에 걸려든다지만 그 밤에 GOP에서 찍찍이를 구할 길이 없었다. 어쩔 수 없이 그날은 쥐와 하룻밤을 보냈다. 쥐와 같은 방에서 하룻밤 동거해본 사람 있으면 손! 잠을 자면서도 자는 게 아니었다. 쥐가 거점을 풀고 이리저리 방안을 휘젓지 않을지, 내 따뜻한 이불 품으로 슬며시 들어오지나 않을지, 내 콧잔등을 쓰다듬고 가지나 않을지, 온밤을 설쳐댔다.

다음 날 읍내로 나가는 친한 교육지원관(중사)에게 찍찍이를 부탁했다. 찍찍이에 과자를 몇 개 올려 방에 놓은 뒤 업무를 보러 갔다. 몇 시간 뒤 다시 가보니 역시나 듣던 대로 찍찍이의 효력은 대단했다. 밤새 나를 괴롭히던 녀석이 찍찍이에 들러붙어 발버둥 치는 모습이 보였다. 비위가 상했지만, 이 녀석을 처단하면 오늘 밤에는 다시 자유를 만끽할 수 있다는 생각이 들었다. 가차 없이 녀석이 붙어 있는 찍찍이를 들고 풀밭으로 내달려가 장렬하게 처리했다.

방을 청소했다. 그날처럼 그렇게 열심히 닦고 문지른 기억이 없

군생활 중 전역을 앞두고

1인실을 사용했다.

밀폐 속의 온전한 자유를 느꼈다.

한두 명 성인이 누우면

꽉 찰 만한 좁은 공간이었지만

그때 알았다.

공간의 넓이가 자유의 체감도와

비례하지 않는다는 사실을.

그저 혼자 있는 방 자체가

위로가 됐나.

다. 그래도 찝찝함은 어쩔 수 없었다. 누군가 쥐가 다녀간 자리에 모기약을 가득 뿌리면 '정화된다'는 말을 해줬다. 방 곳곳에 열심히 뿌려댔다. 녀석의 흔적이 지워질 거라는 믿음으로.

불법 침입자를 쫓아내고 그의 흔적도 지운 뒤에 겨우 혼자만의 공간을 되찾았다. 찝찝했지만 다시 자유가 살아났다. 밀폐된 군대에서 그 좁아터지고 열악한 간부 숙소는 온갖 불비한 여건 속에서도 나에게 자유를 선사했다.

좁은 방,
벽과 나 사이

좋게 말하면 취업준비생, 나쁘게 말하면 백수였던 스물아홉, 서른 살. 금호동 달동네 초입에 있는 다가구주택에서 자취 생활을 할 때는 벽을 마주할 일이 많았다. 언론사 시험을 준비하던 서른 살에는 특히 더했다. 서류를 넣기만 하면 떨어지는 일이 다반사였다. 내 실력도 몰라주고 늦깎이 수험생이라 나를 떨어뜨리는 거라고 스스로를 위로했다. 간신히 서류가 통과한 곳에서는 필기시험이 줄탈락했다.

그럴 때면 방구석에 틀어 박혀 벽과 자주 마주했다. 큰 집과 작은 집의 대표적 차이 하나를 꼽으라고 하면 벽과 나 사이의 거리다. 큰 방에선 벽과 가까이할 일이 드물겠지만, 이불 하나 깔면 꽉 차는 좁은 방에서는 이리 누워도 벽이요 저리 누워도 벽이다.

잠이 오지 않는 새벽, 벽과 마주하며 '나는 왜 이런 기약 없는 시험을 준비하고 있을까' '이번에도 떨어지면, 서른을 넘기면 취업이나 할 수 있을까' '지금까지 내 인생은 뭐였나' 이런저런 생각이 들었다. 스토아학파의 철학자 세네카가 당시 이런 내 심정을 간파하기라도 했는지 『세네카의 대화』에서 잘 표현했다.

"자기 뜻대로 안 되는 삶은 정체되고 성취가 좌절된 마음은 침체되고 무기력해집니다. 성과 없는 노역에 염증을 느껴 은둔하여 혼자 애쓰다 보면 상황은 더 악화됩니다. 공무를 지향하고 실천을 욕구하며 타고나기를 가만히 있지 못하는 마음은 은둔을 견딜 수 없으며 이때 결코 확실히 위안을 얻지 못합니다. 그래서 여기저기 뛰어다니던 즐거움은 사라지고, 집도 고독도 벽도 견디지 못하는 마음은 어쩔 수 없이 자신의 고독한 처지를 바라봅니다. 여기서 염증, 자기불만, 어디서도 가만히 있지 못하는 마음의 동요가 생기며, 자신의 은둔을 괴롭고 고통스러워합니다."(『세네카의 대화』, 김남우 등 옮김, 까치, 2016)

불러도 대답 없는 벽이었고, 답답할 때가 많았다. 불합격 소식을 어디 털어놓기도 민망했다. 합격 소식을 기다리는 가족과 애인에게는 더더욱 말하지 못했다. 결과를 기대할까봐 부모님께는 어느 언론사에 원서를 접수했다거나 필기 시험을 보러 간다는 이야기조차 하지 못했다.

"특히 창피해서 실제 이유를 털어놓지 못하고 고통을 안으로 억누를 때, 좁은 곳에 갇힌 욕구는 출구를 찾지 못해 자신을 옥죕니다. 여기서 슬픔, 무기력, 불안한 마음의 수많은 풍파가 생기는데, 이런 마음은 희망이 생기면 들떴다가 희망이 사라지면 침울해

집니다. 여기서 자신의 은둔을 혐오하고 아무 할 일이 없다고 불평하게 만드는 감정과 다른 사람들의 성공을 매우 싫어하는 시기심이 생깁니다."

시험을 앞두고는 잠시 기대를 걸었다가 이내 들려오는 불합격 소식에 움츠려 들었다. 그럴 때 대답 없는 벽과 다시 마주했다. 벽과 대면하다 보면 벽과 대화하게 되고, 대화하다 보면 벽은 공감하지 못한다 해도 나 스스로 위로를 얻었다. 누군가의 성공이 부러우면서 그들을 시기하는 마음도 생기고, 욕도 했다가 말았다가 그렇게 혼자서 쇼를 했다. 무슨 말을 하건 거르지 않고 무엇이든 받아주는 벽이었기에 뭐든 쏟아낼 수 있었고 마구 배설하면서 새 힘을 냈다.

어느 언론사 필기시험 당일, 가장 절망적인 생각이 들면서 의욕이 생기지 않던 날이었다. '시험을 보러 갈까' '시험을 보나마나 또 떨어지지 않을까' 한참 벽을 바라보며 이런 양 갈래 생각에서 출구를 찾아 고민했다. 그래도 어렵게 서류를 통과했는데 의욕이 사라졌다고 시험을 안 보면 안 될 것 같았다. 용기를 내어 시험장으로 향했다. 덤덤하게 시험을 봤다. 그런데 웬걸, 처음으로 필기 시험 합격 소식을 들었다. 가장 의욕이 없는 상태에서 봤던 시험에서 말이다. 현장 시험과 몇 차례의 고강도 면접을 거쳤고 결국 그 회사에서 나는 지금도 기자 생활을 하고 있다. 그날, 그 벽을 뛰어넘지 못했다면 지금 이 책도 아마 세상에 나오지 못했을 것이다.

처음으로 보증금을 걸다,
달동네 월세방

벽과 자주 마주했던 금호동 집에 산 건 전역을 한 스물여덟 살 후반부터 취업을 하고 결혼하기 전인 서른한 살까지였다. 고향을 떠나 20대 자취 · 하숙 생활을 하면서 처음으로 보증금을 내고 생활했던 곳이다. 장교로 군 복무를 마치면서 많지는 않았지만 통장에는 보증금을 낼 만큼의 돈이 있었다. 보증금 500만 원에 월 30만 원. 보증금을 좀 더 냈다면 월세가 줄었을지 모르지만 나에게 그만한 목돈은 없었다. 혼자 들어가면 꽉 차는 화장실과 20년은 족히 된 듯한 싱크대, 약간의 짐을 넣을 수 있는 공간도 있었다. 이전까지 공동 화장실을 사용하며 방 하나만 나 혼자의 공간이거나, 방 하나에 둘이 지내던 곳과는 달랐다. 보증금의 힘이란 이런 것이구나. 500만 원이 없어서 나는 20대를 그렇게 정처 없이 떠돌며 살아야 했던가.

달동네 초입에 있었던 그 집은 구조가 특이했다. 주인집과 연결돼 있었지만, 입구는 각각 다른 골목에 있었다. Y자 형태로 갈라지는 양쪽 골목길의 꼭지점에는 슈퍼마켓이 있고, 그 뒤로 두 번째가 이 집이었는데 주인집은 Y쪽의 좌변 골목이 입구, 우리 집은 Y쪽의 우변 골목에 입구가 있었다. 주인집에 택배를 받을 일이 있을 땐 삼각형의 꼭지점인 슈퍼마켓을 지나는 등 삼각형의 두 변을 지나야 갈 수 있는 구조였다. 말로도 설명하기 어려운데 택배나 우편물을 가져다 주는 기사분들은 오죽했겠나. 언론사 시험을 준비하며 신문을 구독한 적이 있는데 신문사 지국에서 우리 집을 찾지 못했다. 내가 부재중일 때라 말로 한참을 설명한 뒤에 겨우 신문 수거함을 문에 설치했다는 연락을 받았다. 집에 와보니 문고리에 걸려 있어야 할 수거함이 보이지 않았다. 주변을 둘러봐도 없었다. 다음 날 지국에서 다시 동네를 방문한 뒤에야 겨우 세 집 건너 설치된 수거함의 존재를 알 수 있었다. 달동네가 처음 형성될 때 얼마나 계획 없이 만들어졌는지, 주인이 살다가 세를 놓기 위해 무계획적으로 집을 분리했는지를 알 수 있는 대목이다.

입구가 달라서 교류할 일이 그리 많지 않았던 주인집이 생각난다. 처음 이사할 때, 싱크대 배수가 잘 안 될 때, 택배가 주인집으로 잘못 들어갔을 때 등 대체로 내가 아쉬운 일이 있을 때만 주인집을 찾았다. 매달 살점이 떨어져 나가는 것처럼 빠져나갔던 월세는 계좌로 입금했기 때문에 2년 넘게 살았지만 주인을 직접 볼 일이 별로 없었다. 언론사 시험에 합격하고 나서 결혼을 앞두고 이사를 하게 되었노라고 인사를 하러 갔더니, 집안 분위기가 참 묘했다. 한 번씩 마주하던 주인아주머니가 보이지 않았다. 암으로 한 달 전 세상을 뜨셨다고 한다. 다가구주택이었지만 그래도 한 집에 살았던 주인아주머니였다. 벽 하나를 사이에 두고 살면서 그의 투병 사실은 고사하고 생의 마지막조차 알지 못했던 것이다. 집은 법적으로 한 집이었지만 한 집에 살면서도 한 집이 아니었다. 이런 각박함이 바로 서울생활이구나 싶기도 했다.

조금은 무거운 마음으로 이사를 했다. 이삿짐을 다 싣고, 낡고 작은 책상 하나가 남았다. 굳이 들고 갈 이유가 없었다. 주인아저씨에게 이야기했더니 폐기물 처리 비용으로 5000원을 달라고 하셔서 건네고 왔다. 그 책상은 아마도 폐기됐거나 아니면 방에 남겨져 다음에 이사 올 사람이 썼는지 모른다. 그 낡은 책상은 어찌 됐을까, 아주머니의 빈자리가 유독 커 보였던 주인아저씨와 방 한구석에 우두커니 앉아 있던 주인집 아들의 모습이 지금도 생각난다.

유랑하지만
정착을 꿈꾸다

20년을 지방에서 살다가 대학을 서울로 오면서 처음 서울살이를 시작했다. 내가 다닌 고등학교는 지방에 있는 비평준화 고등학교였다. 고교 입시를 볼 때 그해가 과열 양상이어서 내가 지원한 고등학교에 20명이 넘는 학생이 떨어졌던 것으로 기억이 난다. 대입도 아니고 고입에서 낙방한 친구들이 그렇게 많았던 시절이다. 지방에선 교육열이 꽤 높은 축에 속하는 고등학교라 그런지 서울에 있는 대학에 가는 비율이 높았다. 지방에서 서울로 대학을 갔으니 출세했다. '지방에서 서울로 꽤 많이 대학을 보냈던' 마지막 세대였는지 모른다. 고등학교는 내가 졸업하고 몇 년 뒤 평준화로 바뀌었고, 서울 소재 대학 진학률도 전과 같지 않게 됐다.

대입을 치를 땐 수능 점수가 대장이었다. 그 외에 복잡하게 제출할 것도 없었으니 대학이나 입시에 관한 정보가 없어도 크게 손해 볼 것이 없었다. 요즘처럼 입시가 복잡한 시기, 지방에서 세상 물정 모르고 대입 정보도 없이 앉아서 공부만 했다면 분명 낙방했을 것이다.

호기심 가득한 촌놈의 서울살이가 시작됐다. 부모의 품을 떠나는 아쉬움이 컸지만, 새로운 세상을 만나는 즐거움이 그에 못지않았다. 새로운 사람, 새로운 집. 그때부터 시작된 떠돌이 생활에도 즐거울 수 있었다.

이사는 유랑의 다른 말이다. 한 곳에 정착하지 못하니 떠도는 것이다. 이사하는 근본적 이유, 정착하지 못하는 이유는 뭘까. 부모에게서 독립하기 위해? 편리함을 추구하려고? 경제적 형편에 따라? 가족의 상황? 자연과 가까운 공간에 살고 싶은 욕망? 이 모든 것이 겉으로 드러난 이사의 사유는 될 수 있다. 하지만 이것이 근본적 이유냐고 묻는다면 자신 있게 맞다고 할 수 있을까. 주거 공간을 찾아 끊임없이 유랑하는 현대인들이 이사하는 진짜 이유는 역설적으로 정착에 대한 욕망 때문이 아닐까. 한국의 지성으로 불리는 문학평론가 김우창은 이를 '근원적인 안정감'으로 표현했다.

> "사람들이 사회적인 요인들을 넘어 자신이 사는 땅에서 어떤 근원적인 안정감을 얻고자 한다는 것은 틀림이 없다. 여기에 중요한 것은 삶의 지구성(持久性)의 보증으로서 땅의 의미를 확인하는 일이다. 그 증표에는 자연의 지형지물, 그에 비견되는 집 그리고 인간적 결속 등이 있다. … 명절이면 사람들은 고향으로 간다. 거기에도 아마 친숙한 장소에서의 오랜 시간의 거주가 이룩한 삶의 모습을 확인하려는 의도가 있는 것일 것이다. 그러나 우리가 잃어버린 것은 땅과 삶의 근원적인 관계에 대한 느낌이다. 사람이 마음 깊이 원하는 것은 집 장만이 아니라 삶의 터에 뿌리를 내리는

일이다."(『김우창 전집 16: 시대의 흐름과 성찰 1』, '고향 상실의 시대', 민음사, 2016)

20 · 30대가 되면서 다각도의 사회적 상황들을 마주하게 된다. 최고로 붐비고 정보와 인력이 집약된 서울에서 시작한 사회생활이다. 도시살이에 바쁘고 주거지를 수시로 옮기다 보면 문득문득 고향이 떠오를 때가 있다. 유년시절 동네에서 아이들과 삼삼오오 모여 놀다가 해가 뉘엿뉘엿 질 때쯤 저녁밥을 먹으러 집으로 갔던 기억, 옆집 한 살 많은 형이 그렇게 동네에서 함께 놀다가 후진하는 차량에 치여 숨진 슬픈 기억도 남아 있다. 집에서 그리 멀지 않았던 시골에 있는 할아버지 댁에 가는 추억도 순간순간 떠오른다. 가을이면 버스에서 내려 할아버지 댁으로 가는 길에 코스모스가 한창이었다. 소가 한가로이 볏짚을 뜯어먹는 풍경도 생각난다. 청년이 돼 유랑하고 있는 내 머릿속, 아니 가슴속에서 꺼내든 기억이다. 이사하면서 항상 더 좋은 집에 대한 아쉬움이 있었는데, 그 아쉬움은 돌이켜보면 내 유년의 기억처럼 정착에 대한 갈망의 다른 표현이었는지 모른다.

"집은 사람들의 근원적인 열망의 대상일 수밖에 없다. 그러나 완전히 편안한 공간이 쉽게 발견될 수는 없다. 집이 있어도 더 나은 집을 찾는 일은 계속된다. 사람들은, 가스통 바슐라르의 설명으로는 '소유의 꿈을 실현해주며, 편리하고, 편하고, 건강하고, 건전하고, 좋은 모든 것을 구현하고 있는 집'—꿈의 집을 짓고자 한다."(김우창, 앞의 책, '상상 속의 집과 아파트')

20대와 달리 30대가 돼서 가족을 이루고 집도 매매했지만, 내 이사는 끝난 게 아니라 현재 진행형이다. 언제 어떤 이유로 또 이사할지 모른다. 어쩌면 내가 진정으로 원하는 집으로 이사를 한다고 해도, 얼마 지나지 않아 무료함을 느낄 수도 있다. 인간은 간사한지라 쉽게 지겨움을 느낀다. 최적의 공간에서도 뭔가 새로운 공간을 꿈꾸게 될 것 같다. '꿈의 집'을 찾는다 해도 내 갈망은 멈추지 않을 것이다. 그러면서도 '꿈의 집'을 끊임없이 찾는 건 어리석은 인간이라 그런 것인가.

주거 안락지대를 경계하라

미국의 명문대학 하버드의 정신을 소개한 『어떻게 인생을 살 것인가』(쑤린 지음, 원녕경 옮김, 다연, 2015)에서 저자는 하버드대 심리학 교수 로버트 케건과 리사 라스코우 라헤이의 말을 빌려 "안락지대(Comfort Zone)에서 벗어나라"고 말한다. 스스로 변하려고 애쓰지 않고 되는 대로 살아가는 근본적 이유가 이 안락지대 때문이라는 것이다.

"안락지대에 연연하는 사람은 따뜻한 물에 미련을 두는 개구리와 다를 바 없다. 빠져나오려고 생각하는 순간에는 이미 늦는다는 뜻이다. 안락지대 때문에 당신은 소중한 것들을 얼마나 많이 잃었는가? 게으름이 습관이 되어 앞으로 나아가길 포기했고, 안정적인 수입을 위해 창업의 열정을 저버렸으며, 집이 주는 편안함에 세상을 누비겠다는 포부를 접지는 않았는가?"

주거는 안락할 필요가 있지만 한편으로는 적당한 긴장감을 유지하는 것이 좋다. 특히 도전할 과제가 많은 젊은 시절, 안락지대에 머무를 정도로 좋은 집에 사는 것은 축복임과 동시에 위기가 될 수 있다. 자신이 노력해서 얻은 '획득한 부'가 아닌 부모로부터 '주어진 부' 안에 있는 사람은 안락지대에서 만족하지 않도록 더 긴장해야 한다. '주어진 부' 하나 없이 '획득한 부'를 목표로 삼고 몸으로 열심히 뛰어야 했던 내 20대 환경은 그런 점에서 다행스러운 일이다.

안락지대가 아닌 좁은 자취방이나 쾌쾌한 하숙집에 있을 때면 더 머물러 있고 싶다는 생각이 사라졌다. 특히나 여름 무더위와 한겨울 강추위가 엄습할 때, 낮에도 덥고 또 추웠다. 대학생 때는 주거 공간에 머물기보다 에어컨과 히터가 나오는 학교 도서관을 찾는 게 훨씬 더 효과적이었다.

30대가 돼서 조금씩 안락지대의 요건을 갖춰가고 있다. 지금 아파트에 살고 있지만, 궁극적으로는 가족이 단란하게 머물 수 있는 안락한 단독주택을 꿈꾸는 것을 부인하기 어렵다. 그러나 휴식을 취하되 안락 공간에서 퍼지지 않도록 새로운 무언가를 향해 도전하는 공간으로 만들고 싶다. 안락함을 누리면서도 동시에 안주하지 않는 공간으로 만든다는 것은 사실 어려운 과제다. 하지만 해법은 있다. 쑤린의 책에서도 인생의 성장 과정을 "안락지대를 끊임없이 넓혀가는 과정이자 불편함과 편안함을 반복하는 여정"이라고 했듯, 안락지대에 머무는 것이 아니라 안락지대를 넓혀가는 것을 인생의 목표로 삼으면 되지 않을까.

10대,

주거 투쟁의 이유를 마음에 새기다

집의 의미를 처음 생각하다

내가 삶을 대하는 방식은 대부분 중 · 고등학교 때 후천적으로 형성됐다고 생각한다. 심리학자 알프레드 아들러가 『아들러의 인간 이해』(홍혜경 옮김, 을유문화사, 2016)에서 밝힌 것처럼 “성격은 선천적이거나 유전적인 원인이 아니”라면 말이다. 내 성격이 형성되는 데에는 20 · 30대가 기여한 바가 있지만, 10대 때 형성된 성격의 윤곽 안에서 구체화되고 틀이 잡혀간 점을 고려하면 인생의 방향이나 삶을 대하는 태도는 10대의 시기가 결정적이었다고 볼 수 있다.

10대, 초 · 중 · 고등학생 때의 추억은 곱씹을 만한 즐거움이든 회상하기 싫은 불행한 기억이든 누구나 있을 것이다. 그런데 당신은 청소년기를 회상할 때 시선이 어디에 고정돼 있나. 방황하는 10대, 사춘기를 지내는 10대, 입시를 준비하는 10대, 교우 관계를 고민하는 10대, 가족관계에서 울고 웃는 10대 등등. 생의 의미를 고민하고 첫사랑의 짜릿함을 느껴보는 것도 10대의 몫이다.

당시를 회상하는 것이 ‘나’에게 초점이 맞춰져 있기 때문에 많은 사람들이 자신이 10대일 때 아버지와 어머니는 평균 40대, 빠르면 30대, 늦으면 50대를 보내고 있을 나이라는 점을 쉽게 간과한다. 사춘기를 보내는 자신의 인생이 파란만장하던 시기라는 점 못지않게 부모 역시 인생에서 가장 역동적이고 중요한 시기를 보내고 있었던 것이다.

왜 우리 집은 이사를 많이 해야 했고, 한창 공부할 나이에 소음이 많고 생활하기 불편한 식당 집에서 살아야 했으며 때로는 부모님의 일을 거들어야 했는지를 이해하기 힘들었던 적이 있었다. 10대 때 왜 이렇게 우리 집은 유랑해야 했는지를 말이다. 두 자녀의 아빠이자 아내의 남편이 된 지금, 당시 부모님의 생각을 유추해보자면 가족들을 먹여 살려야 했고, 무슨 일이든 생계를 유지할 일을 찾아야 했다. 막일이건 통닭집이건 돼지국밥집이건 돈을 벌어야 했다. 곧 있으면 대학을 갈 자식들 학비를 위해 한 푼이라도 저축해야 했기에, 식당을 하면서 집을 별도로 얻어 공부시킬 만한 형편이 되지 않았던 것이다.

이런 의미를 일찍 깨달았건 나중에야 철들어 알게 됐건 관계없이 주거를 유랑했던 10대의 생활이 내 성격에 미치는 영향은 지대했다. 지금의 나를 만든 건 10대 때가 8할이었다고 해도 과언이 아니다.

외부 환경 변화가 많았던 시절이었기 때문에 흔들리지 않기 위해 더 견고해지려 애썼다. 역경을 이겨낼 수 있는 힘, 버텨낼 수 있는 힘이 10대 시절 그리 달갑지만은 않았던 주거 유랑을 통해 형성됐던 것 같다. 좀 더 나은 주거 환경에서 살아야겠다는 다짐, 즉 주거 투쟁의 의지가 내 안에 자리한 것도 바로 이 시기를 거치면서다.

홀은 치킨 가게, 옆에 달린 두 개의 방

중학교 때 부모님이 치킨집을 하게 되면서 식당에 방 두 개가 달린 집으로 이사했다. 따로 집을 얻을 형편도 안 됐고, 중학생이던 형과 나를 떨어뜨려 놓고 장사하기도 힘들었다. 좀 불편하긴 했지만 부모님이 일하면서 자식들 밥도 챙겨줄 수 있고 가까이서 돌볼 수 있다는 건 장점이었다.

요즘이야 치킨집이 너무 흔해서 경쟁이 과열되고 퇴직자들이 너도나도 개업한다고 달려들지만 당시엔 치킨집이 많지 않았다. 또 지금이야 중고등학생들이 패스트푸드점에서도 치킨을 쉽게 먹을 수 있지만 그땐 그렇지 않았다. 치킨은 한두 달에 한 번꼴로 계획을 잡고 먹을 수 있는 음식 반열이었다.

장사를 위해 이사한다는 소식을 들었을 때 나도 설렜고 주변 친구들도 뭣 모르고 부러워했다. 처음엔 좋았다. 이런 귀한 음식을 맘껏 먹을 수 있다니. 손님들이 남기고 간 치킨 조각을 뜯어 먹기도 했고, 남은 치킨의 살점을 부모님이 반찬으로 싸주신 적도 있다. 치킨이 점심시간 때 개봉되는 순간 인기 폭발! 크로스로 밀려드는 포크와 숟가락들! 사기충천으로 들썩이는 내 어깨!

하지만 좋은 것도 잠깐이었다. '직장은 집에서 멀리 떨어지는 게 좋다'는 말은 빈말이 아니다. 주거 공간은 일터에서 떨어져 있어야 한다는 걸 깨닫는 데 오래 걸리지 않았다. 집이 곧 치킨집이니 홀에서 닭을 튀기는 냄새가 방으로 스멀스멀 스며든다. 가정에서 한두 마리 튀길 때도 냄새가 심상찮은데 매주 수십 마리의 치킨을 팔다 보면 기름 냄새와 튀기는 냄새가 뒤섞여 진동한다. 이사하고 나서 시간이 좀 지나자 치킨에서 나는 냄새조차 맡기 싫어졌다.

튀김 냄새가 진동한다는 건 그래도 장사가 좀 된다는 이야기다. 반대로 냄새가 진동하지 않고 파리만 날리면 더 골치 아파진다. 쉼 없이 튀겨야 일할 맛도 나고 통장 잔고도 늘어나고 부모님의 얼굴이 펴진다. 경기를 타는 음식업 특성상 365일 꾸준히 잘되지 않았다. 팔리는 통닭이 적을수록 부모님은 예민해질 수밖에 없고, 함께 사는 자식들에게도 그런 분위기가 그대로 전달되게 마련이었다. 고된 식당 일과 아들 둘 양육을 동시에 해야 했던 부모님의 수고가 오죽했겠나. 힘들어하시는 모습을 보면서 튀김 냄새로 인한 불쾌감 정도는 내색하지 않게 됐다.

일손이 달릴 때면 일을 거들기도 많이 했다. 아버지가 볼일이 있어 어디를 가실 때는 어머니 혼자 식당을 책임져야 했다. 어머니 혼자 주문 전화를 받고 튀기고 홀 서빙을 하고 양념을 무쳐야 했다. 공부만 하고 앉아 있을 수는 없었다. 뭐라도 도와야 했다.

배달을 한 적도 있다. 부모님 마음이 편치는 않았겠지만 가게 문을 닫고 배달 갈 수는 없는 노릇이니 자식들이라도 배달을 보내야 했다. 지금처럼 구석구석 위치를 알려주는 핸드폰 애플리케이션이 없던 시절이다. 배달을 하면서 치킨이 빨리 도착하지 않아 짜증 내는 손님도 만났고, 주소를 제대로 찾지 못해 헤맸던 기억도 있다.

어떤 아저씨가 치킨 두 마리를 주문하면서 한 마리는 자기 집에, 다른 한 마리는 인근의 친척 집으로 배달시켰다. 우선 본인의 집에 배달을 오면 두 마리 값을 다 계산하겠다는 것이다. 이렇게 복잡하게 주문이 들어올 때가 가장 힘들다. 배달 메커니즘이 꼬인다. 첫 번째 집까지는 무난했다. 주문한 아저씨가 두 마리 값을 다 계산했다. 하지만 문제는 두 번째 집이었다. 치킨을 시킨 적이 없다는 것이다. 당연히 그들 입장에서는 주문한 적이 없을 것이다. 어머니가 배달을 시키면서 두 번째 집은 가져다주고 오기만 하면 된다고 알려주셨다. 그런데 시킨 적도 없다는 사람한테 치킨을 주고 올 수는 없는 노릇이었다. 그걸 그대로 들고 집으로 돌아갔다. 나중에야 이러이러한 주문이 들어왔다는 전체의 맥락을 듣게 됐지만 어머니 역시 배달을 시키며 구체적인 이야기까지는 해주지 않았던 것이다. 결국 어머니는 우리에게 가게를 잠시 맡기시고는 가져온 통닭을 다시 들고 배달을 나갔다.

치킨 한 마리가 집으로 배달되기까지 얼마나 많은 수고와 허드렛일을 해야 하는지 부모님이 일하는 모습을 보고 알게 됐다. 이런 청소년기의 영향 때문인지 성인이 돼서 음식을 주문할 때 배달이 늦어도 웬만하면 참는 편이고, 식당에 가서 뭔가 불평을 호소할 만한 상황이 있어도 그냥 지나치는 편이다. 기자 일을 하다 보니 성격은 급해졌지만, 유독 식당과 관련해서는 너그러운 건 그 시절의 경험 때문이다.

우리 식당은 동네 사랑방

식당은 사람들이 오가는 곳이다. 한두 번 발걸음이 서너 번이 되고 열 번 스무 번이 되면 모임이 형성된다. 우리 식당에는 방까지 달려 있었으니 모이기에 이만한 장소가 따로 없었다. 식당과 방이 붙어 있는 '식당집'은 그래서 동네 사랑방이 되기에 최적의 조건을 갖췄다. 다시 말하면 우리 집이 사랑방이 되고 나서부터 내 방, 내 영역이 그만큼 줄어들었다는 의미다.

사랑방에서 동네 아저씨 아줌마들이 모여서 하는 일은 시대를 막론하고 대체로 일치한다. 중학생 때 하교 후 집에 가면 일주일에 서너 번 정도는 식당 홀 옆에 붙어 있는 안방에서 화투판이 펼쳐진 광경을 봤다. 그 안방을 지나야만 내 방이 나왔기 때문에 항상 고스톱에 열중하는 아저씨 아줌마들에게 인사를 하고 내 방에 들어가야 했다. 바로 옆 방에 아이가 있다는 사실을 안 어른들은 처음에야 좀 조심을 한다. 하지만 하루이틀 고스톱 판이 예사가 되다 보면 옆 방에 중학생이 공부를 하건 뭘 하건 별 안중에 없다. 담요 위에 깔린 화투패에 온 신경을 집중할 뿐이다. 고스톱 판이라고 해서 노름판은 아니었다. 판돈도 얼마 되지 않았고 좀 땄다 싶은 분들이 만 원, 이만 원 정도를 챙겨가는 수준이었던 걸로 기억한다. 그렇게 따봐야 다음 날엔 잃고, 다른 날에는 또 따기도 하면서 돈은 돌고 도니 결국엔 아주머니 아저씨들이 모여 시간을 보내는 목적이 컸다. 고스톱 치면서 누군가의 뒷담화를 까기도 하고, 어느 집 자식 이야기가 나오기도 했다. 대화 주제는 경계가 없었다. 동네 돌아가는 사정이 사랑방에서 훤히 들여다보였다.

야식이라는 것이 음식업계의 혁명처럼 처음 시중에 등장했을 무렵 가장 먼저 야식을 시켜먹었던 것도 우리 집이었다. 고스톱을 치는 부모님과 부모님의 친구들 옆에서 먹었던 돈가스 등 별미 야식이 아직도 생생히 기억난다. 방에서 숙제하거나 공부할 때면 방문 너머로 아저씨 아줌마들의 '쓰리고' '광 팔았재' '양 박에 흔들고…' 등의 목소리가 생생하게 들렸다.

사랑방은 낭만으로 충만했다. 겨울철 홀에는 난로가 켜진다. 지금 나오는 석유 난로는 안전을 고려해 난로 위가 뜨겁게 달아오르지 않는 것들이 대부분이지만 예전 난로는 대부분 위가 뜨겁게 가열되는 것들이었다. 난로에 주전자를 올려놓으면 물이 펄펄 끓으며 김이 새나간다. 은박 호일을 난로 위에 씌우면 프라이팬이 따로 없었다. 난로 주변에 둘러 앉아 지글거리는 불 위에 삼겹살을 구워 먹으면 맛이 그만이었다. 식당집이라고 해서 꼭 장사만 했던 건 아니다. 동네 사람들의 정이 모였다. 한잔 걸친 어른들이 시대와 정세를 논했고, 목소리가 높아졌고, 때로는 붉으락푸르락하다가 몸싸움을 벌이기도 했다. 안정적인 주거 환경에서 생활하는 지금, 가끔은 그 겨울 낭만 넘쳤던 그 공간이 생각난다.

'너거 아버지 뭐 하시노'

초등학교 때 매년 새 학기가 되면 가족사항을 써내야 하는 절차가 있었다. 부모님의 이름과 나이, 직업과 학력 등을 써냈다. 부모님의 학력을 왜 쓰라고 하는 것일까. 배운 집 자식은 그래도 좀 다를 테니 참고하자는 의미인가. 학생에 대해 선입견을 줄 수 있는 불필요한 조사는 하지 않는 게 맞다.

그런 조사를 하면서 부모님의 학력을 부끄러워했던 나 자신이 더 부끄러운 일이다. 초등 1학년 때 부모님 최종학력에 아버지는 '고등학교', 어머니는 '초등학교'를 적는 의미를 잘 몰랐다. 하지만 한 해 한 해 세상의 이치를 알아가면서, 어린 나이에도 어머니 학력을 '초졸'이라고 적는 것이 꺼려졌다. 은근슬쩍 어머니 최종 학력란을 중졸 혹은 고졸이라고 썼던 기억이 어렴풋이 난다.

부모님 직업도 고민거리였다. 초등학생들이 죄다 장래희망으로 적어내는 대통령, 판검사, 의사까지는 바라지도 않았다. 평범한 회사원이라도 한 단어로 설명할 수 있는 직업을 가진 부모를 둔 아이들을 부럽게 생각한 적이 있었다. 부모의 명확한 직업은 자녀에게 고민을 가져다주지 않는다. 하지만 나의 경우엔 아버지가 하는 일을 딱 부러지게 한 단어로 쓰는 게 어려웠다. 건설 현장에서 배관 기술을 가지고 일을 하시는 아버지의 직업은 노가다? 배관공? 일용직? 뭐로 써야 할까. 노가다나 일용직이라고 쓰는 게 정확했지만, 예민한 나이에 쉽지 않은 일이다. 결국 스스로와 타협한 결과 회사원이라고 적어내기로 했다. 어쨌든 일터, 곧 회사에 다니긴 하니 회사원이라는 합리화였다. 사실 회사원이라는 단어의 의미는 샐러리맨에 가깝기 때문에 맞지 않다. 당장 선생님과의 면담에서 '너거 아버지 뭐 하시노'라는 질문에 자신 있게 대답하지 못하고 뭉개곤 했다. 부끄러운 유년 시절의 기억이다. 철이 든 지금은 누구보다 아버지 직업이 자랑스럽다. 60대 중반이 넘은 나이에도 아버지는 여전히 일용직 현장을 누빈다. 젊은 시절 본인은 구두닦이, 찐빵 장사 등 안 해본 일이 없다고 하신다.

중고등학교 때 우리 집이 식당을 하면서 홀에 방이 달려 있는 식당집이나, 2층 옥탑방, 식당과 떨어진 자취방 등에서 생활해야 했던 이유는 어쩌면 아버지의 이 '닥치고 뭐든 하는' 근성과 관련돼 있는 건지도 모른다. 아버지의 유랑 정신 덕에 난 남들이 흔히 하지 못하는 주거 형태를 경험할 수 있었던 것이다.

아버지는 지금도 고된 일을 하고 있지만, 누구보다 즐겁게 일하고 있어 행복하다고 하신다. 명절에 고향에 내려갔을 때, 아들과 나누고픈 이야기가 뭐가 그리도 많으신지 단골집으로 나를 조용히 불러냈다. 그 자리에서 70세가 넘은 나이에도 아버지와 같은 일을 하는 분을 소개해주며, "아버지 목표가 70대에도 건강하게 이 일을 하는 거"라고 하신다. 가장 멋진 직업을 가진 아버지를 뒀다.

잠시 잠만 자는 방에서 머물다

치킨집을 하면서 부모님은 그래도 자식 교육이 걱정됐는지 식당에서 조금 떨어진 곳에 방을 하나 얻어주셨다. 쉽게 말하면 '잠만 자는 방'이었다. 씻고 먹고 노는 것은 식당이 있는 본래 집에서 하고, 새로 얻은 방은 형과 내가 공부하고 잠을 자는 용도였다. 날마다 식당에 손님이 오가는 환경에서 아이들이 생활하는 것이 부모님 눈에도 그리 좋게 보이지는 않았나 보다.

자취방은 대문을 열고 들어가면 공동 화장실과 세면대가 왼쪽에 있고 길쭉한 시멘트로 된 통로를 따라 4개의 가구(방)가 일렬로 배치돼 있었다. 각각의 방은 미닫이문으로 바깥에서 신발을 벗고 들어갈 수 있는 구조였다. 형과 내가 생활하는 방은 세 번째였다. 첫 번째, 두 번째, 네 번째 방은 다른 사람들이 살고 있었다.

짧은 거리라 해도 부모님과 처음으로 떨어져보는 생활이었다. 자취 형태의 공간에서 생활한다는 소식을 들었을 때만 해도 괜히 설레고 기대가 됐다. 하지만 막상 자취방에서의 첫날이 되자 쉽게 잠을 청할 수 없었다. 옆에 형이 있었지만 엄마 아빠 생각이 났다. 잠시 떨어져서 잠만 자는 것이었지만, 진짜로 엄마 아빠와 떨어져버리면 어떻게 하나 괜히 불안한 마음도 들었다. 빨리 아침이 와서 부모님 얼굴을 보고 싶었다.

우리 방은 취사를 할 수 없었지만, 첫 번째 집은 부엌이 달려 있었던 것으로 기억한다. 아마도 원래 한집이었지만 세를 놓으면서 나머지 3개의 방은 잠만 자는 방으로 변경한 것 같다. 첫 번째 집에는 방 한 칸에 세 식구가 살았다. 부부와 아이 하나. 아이가 둘이었던 것도 같은데 정확하게 기억나지 않는다. 중학생 사춘기 때라 부끄러움이 많았던지 그 집 아저씨 아주머니를 만나도 눈도 제대로 마주치지 못하고 인사만 냅다 하고 지나쳤다. 그 집 사정을 깊이 들여다보지 않았다.

어머니가 한 번씩 내가 잘 생활하는지 보러 올 때면 그 집 부부와 이런저런 사는 이야기를 하는 정도였다. 여하튼 중학생인 내가 보기에도 세 식구가 단칸방에서 생활하는 모습이 그리 좋아 보이지 않았다. 형이나 나는 조금만 걸어가면 본래의 집이 있었으니 아쉬운 대로 세면이든 식사든 본래 집에서 해결하면 그만이었다. 하지만 방 한 칸에 세 식구가 생활하는 그 집은 언뜻 보기에도 열악한 환경이었다. 아무리 가족이라도 각자의 공간이 분명 필요할 것이고, 비밀스럽게 보내야 할 혼자만의 시간이 있어야 할 텐데 제약이 커 보였다.

게다가 미닫이문 앞으로 다른 방 사람이 수시로 오가는 환경이었기에 더운 여름 문이라도 열어놓을라치면 어지간히 신경 쓰였을 것이다. 형과 내가 공부라는 목적을 위해, 식당이라는 환경을 피하기 위해 얻었던 방이, 누군가에게는 절대적인 생활공간이었던 것이다.

거기서 몇 달을 생활했다. 독립된 공간이라고 공부가 썩 잘 됐던 것 같지는 않지만 어쨌든 고등학교 입시 준비를 했다.

자식 공부를 위해 마련한 방이었지만 그곳에서의 생활은 그리 오래 가지 않았다. 본래의 집과 잠만 자는 방을 오가기 불편했고, 부모님 입장에서도 중학생 아이 둘을 방범도 제대로 되지 않는 방에 떨어뜨려 놓기 불안하셨을 것이다. 장사도 잘되지 않는데 방값을 이중 부담해야 하는 현실적 이유도 있었으리라 본다.

본래의 집으로 돌아갔다. 식당이 붙어 있는 떠들썩한 집이었지만 마음만큼은 포근했다. 엄마 아빠 가까이에서 잠을 잘 수 있다는 게 그렇게 좋은 일인지 왜 그전에는 몰랐을까.

우리집에 놀러와

초등학교 때 친한 친구 둘이 있었다. 그 둘은 바로 몇 집 건너에 집이 있어서 자주 어울려 놀았다. A네 집은 잘 지어진 단독 주택이었다. 집이 크기도 했고, 널찍한 마당엔 괜찮은 나무가 위용을 자랑했다. 또 다른 친구 B 집은 마당도 있고 다 있었지만, 실은 그런 집 한켠에 달린 단칸 월세방이었다. B는 늘 A의 집에 가서 놀았다. 그 틈에 나도 껴서 A의 집에서 놀기도 했다. B와는 원래 친했던 터라 나는 B의 단칸방 집에 놀러 간 적도 있다. 어느 날 A와 이야기한 기회가 있었는데 A는 한 번도 B의 집에 가보지 못했다고 했다. 매일같이 B가 A의 집에 와서 놀았지만 A는 B 집을 구경도 못해봤다는 것이다.

어린 나이였지만 B의 마음이 이해가 됐다. A의 여유로운 집에서 놀면서 B는 어린 마음에 A의 집과 자신의 단칸방 집이 비교됐을 것이다. A에게 당연히 자신의 집을 보여주기 싫지 않았을까. 나는 어떻게 B의 집에 가서 놀 수 있었냐고? 첫째는 친했고, 둘째는 우리 집 역시 그렇게 부유하지 않았기 때문에 B가 나를 부담 없이 집에 초대했던 것 같다.

자존감은 자신을 존중하고 사랑하는 마음이다. 자존감이 높은 아이는 떳떳한 모습을 드러내고 그렇지 않으면 뭔가 주눅 든 모습이 표출된다. 자존감이라는 단어를 1890년대 처음 사용한 미국의 철학자이자 심리학자인 윌리엄 제임스가 유복한 집안에서 자랐다는 점이 흥미롭다. '고기도 먹어본 사람이 맛을 안다'고 해야 하나. 『어떤 부인의 초상』으로 유명한 소설가 헨리 제임스의 형이기도 한 그는 할아버지가 남긴 막대한 유산 덕분에 매우 유복하게 자랐다고 한다.

자존감은 10대 때 특히 가정 형편의 영향을 많이 받는다. 나도 10대 때를 생각해보면 가정 주거 환경이 자존감 형성에 중요한 역할을 했다.

우리 집은 A 집처럼 좋지는 않았지만, 방이 두 개였고 월세가 아닌 자가 주택이었다. 중학교 땐 형편이 좀 좋아져서 빌라로 이사하기도 했다. 10대 때 안정감을 갖춘 집에서 살았던 건 거기까지였다. 그 뒤로는 식당에 붙어 있는 방, 식당 위에 있는 옥탑방, 더 형편이 좋지 않을 땐 B의 집처럼 주인집에 달린 월세에 살았던 적도 있다. 이 시기엔 친구를 집에 거의 데려오지 않았다. 친구들에게 내가 사는 곳을 보여주고 싶은 마음이 들지 않았다. 자존감이 민감하던 시기였다. 친구들에게 노가다 하는 아버지 직업을 떳떳하게 말하지 못했고, 통닭집과 돼지국밥집을 하는 집에 친구를 초대하기 싫었다.

자신의 의지보다 부모의 경제력에 좌우되던 10대 시절 내 자존감의 한 단면이다. A는 자기 힘으로 이룬 것 하나 없었지만 부모를 잘 만나 떳떳하게 친구를 집에 초대할 수 있었다. B 역시 자기 힘으로 할 수 있는 건 하나도 없었지만 부족한 가정 형편으로 친구를 떳떳하게 집에 초대하지 못했다. 내 경우엔 주거 환경으로 다소 억눌렸던 자존감을 내 의지로 극복하려고 했던 것 같다. 결핍을 극복할 수 있는 유일한 수단은 공부였다. 그러고 보면 부모 형편이 모든 걸 좌우하지는 않는다. 모든 일에는 자신의 의지가 개입될 여지가 있다. 엄마 뱃속에서 물고 나온 수저의 색깔이 인생의 모든 것을 결정하지는 않는 것이다.

돌이켜보면 뭘 그렇게 지나치게 의식했나 싶다. '우리 집 이렇게 살아'라고 좀 더 당당하게 말할 수 있었을 텐데 말이다. 당시엔 나름 진지했던 일들, 지금은 웃으며 이야기할 수 있게 됐다. 30대가 돼서 소소한 성취라도 이뤘기 때문일까. 만약 여전히 궁핍한 주거 환경에 처해 있었다면 지난 일들을 놓고 이렇게 웃음 지을 수 있었을까.

돼지국밥집 옥탑방

고등학교 땐 치킨집에서 업종을 변경해 돼지국밥집을 하게 되면서 다시 한 번 이사했다. 주거 환경으로만 보자면 별로 좋아질 것이 없었다. 1층 위에 옥탑방이 붙어 있는 구조였다. 1층은 식당과 부엌으로 돼 있었다. 홀에는 몇 개의 테이블과 의자가 있었고, 식당 안쪽 편에는 좌식으로 손님들이 앉아서 먹을 수 있는 공간이 있었다. 저녁에 식당 문을 닫으면 이 좌식 공간이 바로 부모님의 취침 장소였다. 방 하나가 덩그러니 있는 2층 옥탑은 형과 내가 사용하는 공간이었다.

도로 인근에 위치해 옥탑에서 창을 열면 자동차 경적이 들리는 정도의 소음은 있었지만 1층과 별도 공간이었기 때문에 손님들의 시끄러운 소리는 듣지 않아도 돼서 나름 편했다. 한창 사춘기 시절, 부모님의 감시망을 피해 옥탑방에 떨어져 있었으니 숨겨둔 야한 잡지를 몰래몰래 보기에도 안성맞춤이었다. 우리 형제는 독립된 공간에서 나름 편하게 지낼 수 있었지만 부모님은 여전히 '집과 일터는 멀수록 좋다'는 일 좀 해봤다는 사람들이 권장하는 업계의 이야기를 실천하지 못했다. 오히려 치킨집을 할 때는 홀과 방이 문 하나를 사이에 두고 분리는 돼 있었지만, 이번 식당은 좌식 테이블로 사용하는 부모님의 거주 공간에 문도 별도로 없었다. 사람인지라 피곤할 때는 독립 공간에서 자유롭게 쉬어야 하는데 언제 손님이 들어올지 모르는 곳에서 부모님이 쪽잠, 쪽휴식을 취하는 모습을 많이 봤다. 집이자 부모님의 일터인 그곳에서 아버지 어머니의 모습을 보며 나는 먹먹함을 느낄 때가 가끔 있었다. 부모님의 마음을 조금이나마 헤아려 보기도 했다.

국밥집에서도 손님과 부모님 친구들이 삼삼오오 모이면 역시나 고스톱 판이 연출됐다. 그분들의 눈에도 아이들이 식당에서 밥을 먹고, 옥탑으로 올라가는 모습이 한 번씩 좀 안 돼 보였나 보다. 어느 날 엄마 친구 한 분이 나를 보면서 엄마에게 했던 말이 지금도 기억난다. "'이런 집구석'에서 어떻게 '이런 애'가 나왔노." 이 말을 어떻게 해석해야 할까. 듣기에 따라 기분 나쁜 말일 수 있다. 그런데 최소한 "'이런 집구석'이니까 '이런 애'가 나왔지"라는 말보단 낫다는 것을 위안으로 삼았다. '이런 집구석'이든 '이런 애'든 둘 중 하나라도 어디 가서 내세울 만한 게 있어야 하지 않겠나. '이런 집구석'을 단기간에 극복할 수는 없는 노릇이니 '이런 애'라도 마음 잡고 열심히 공부를 해야 했다. 어머니 친구 분이 지칭했던 '이런 애'는 주거 환경의 제약을 극복했다. 지방의 고등학생이라면 나름 부러워할 만한 서울의 괜찮은 대학을 갔으니 말이다.

사춘기 때 겪었던 제한적인 환경을 조금씩 견뎌내면서 삶의 긍정적 에너지가 쌓여갔던 것 같다. 이 같은 '약간의 결핍'은 성장의 원동력이 된다. 내 삶의 밑바탕에 만약 부한 주거 환경이 깔렸었다면, 어려움에 맞설 기회가 그만큼 많지 않았을 것이다. 르네상스기의 프랑스 철학자 몽테뉴는 『수상록』(민희식 옮김, 육문사, 2013)에서 "손쉽게 얻음으로써 갖는 포만감만큼 우리의 즐거움에 반하는 것은 없으며, 희귀하고 손에 넣기 어려운 것만큼 우리의 즐거움을 자극하는 것은 없다"고 했다.

조금은 일반적이지 않은 환경에 살면서 인생의 돌파구를 위해 내가 할 수 있는 일을 찾았다. 사업에 도전할 만한 돈에 대한 개념이나 넉살이 없었고, 운동을 잘해서 선수가 될 능력도 안 됐다. 뭔가 더 나은 삶을 위해선 지방의 한 식당집 아들이 할 수 있는 건 사실 공부밖에 없었다. 두각을 나타낼 수 있는 게 그것밖에 없어서 공부를 택했다. 다른 데 재주가 있었다면 그 일에 매진했을지 모른다. 손에 넣기 어려운 공부를 향한 도전은 즐거움이 됐다. "불이 찬 공기를 만나면 더 잘 타오르듯이 의지는 반대의 것에 부딪힐 때 더 강해진다"는 몽테뉴의 말처럼 때때로 혹독한 환경에 부딪힌다는 것은 자신을 단련할 기회가 되는 것이다. 주거에 대한 남다른 철학과 투쟁력을 내면화할 수 있었던 건 다 이 시기의 경험 덕분이다.

고등학교 때

부모님이 국밥집을 운영하면서

우리는 한 번 더 이사했다.

그곳은 1층은 식당,

1층 위로 옥탑방이 붙어 있는 구조였다.

형과 나는 옥탑방의 독립된 공간에서

나름 편하게 지낼 수 있었지만

부모님은 여전히 '집과 일터는 멀수록 좋다'는

업계의 권장사항을 실천하지 못했다.

집이자 부모님의 일터인 그곳에서

나는 부모님의 마음을 조금이나마

헤아려보기도 했다.

변소는 멀수록 좋지만,
화장실은 가까울수록 좋다

"뒷간은 멀수록 좋다"는 옛말이 있다. 원래는 "뒷간과 처가는 멀수록 좋다"로 흔히 통용되는 말이다. 화장실을 뜻하는 뒷간이 멀수록 좋다고 하면 누가 상관하겠느냐만은 처가가 멀수록 좋다고 하면 요즘 시대에 매장당할지도 모른다. 그런 시절이 있기는 있었나 보다. 처가와 같은 아파트, 한 동에 사는 또래 세대의 집이 가장 부럽다. 물론 그 친정어머니나 아버지의 생각은 다르겠지만 맞벌이 세대의 아들딸 입장에서 처가는 든든한 우군임에 틀림없다.

뒷간(-間)은 흔히 두 가지 의미로 분류되는데 '뒤를 보는 집' 또는 '뒷마당에 자리한 집'이다. 전자의 의미로 쓰인 뒷간의 경우 똥을 '뒤'로 표현한 옛사람들의 의뭉스러움을 알 수 있다. 우리 주변에서 흔히 똥을 싸러 화장실 갈 땐 '큰 일을 보러 간다', 소변을 눌 때에는 '작은 거 보러 간다'고 하는 것과 비슷한 의미로 볼 수 있다. 학식과 체면을 중시했던 우리네 선조들이 오죽했겠는가. 후자의 의미로 쓰일 땐 뒷간이 본채에 붙어 있지 않고 별채 형태로 뒤에 따로 떨어져 있다는 것을 의미한다. 푸세식 화장실을 경험하지 못한 사람에게는 낯선 일일 수 있겠지만, 화장실이 양변기가 아니었을 때 그 냄새를 생각하면 가급적 화장실은 생활공간에서 떨어지는 게 맞았다.

화장실이 푸세식으로 돼 있어서 24시간 구수쾌쾌한 냄새를 풍길 때에는 "뒷간은 멀수록 좋다"는 말이 딱 맞아떨어졌다. 그런데 요즘 화장실이 어디 그런가. 굉음과 함께 회오리치는 물살에 모든 잡스러움이 씻겨 내려가고, 환풍기가 잔내음을 제거해준다. 『집: 집의 공간과 풍경은 어떻게 달라져 왔을까』(돌베개, 2015)의 저자 전남일은 화장실이 집으로 들어온 시기를 "'깨끗하고 냄새나지 않는 위생 설비의 등장' '상하수도와 같은 도시 내 기반 시설의 발달' '기능적인 주거 공간의 평면 혁신'과 함께 진행된 결과"라고 말한다. "변소가 완전히 실내 공간으로 들어온 것은 수세식 변소가 보편화된 1970년대 후반부터"였으니 이때부터 서서히 변소는 불리는 이름도 화장실로 달라지기 시작했음을 알 수 있다.

'변소(便所)'라는 단어는 미사여구를 일체 담지 않은 담백한 단어다. '대소변을 보도록 만들어놓은 곳', 더하거나 뺄 곳이 없다. 직접적으로 변을 언급했으니 이름에서 냄새가 느껴질 정도다. '변소'를 집 생활공간으로 데려오는 것은 거부감이 들지만 '화장실'이라고 하면 다르다. 화장실(化粧室), 이름 어디에서도 '변'을 찾아볼 수 없고, 화장하는 데 필요한 설비를 갖추어놓은 방이라는 의미로까지 격상됐다. 뒷간과 변소가 아닌 화장실은 가까이 두고 볼 일이다. 화장실이 멀면 불편한 세상이 됐다.

하지만 내가 10대 시절 살았던 대부분의 집은 화장실이 외부에 따로 떨어진 구조였다. 소변이든 대변이든 부엌문을 열고 나가 예닐곱 발자국을 걸어야만 화장실이 나왔다.

중학교 때 우리집이 식당을 할 땐 화장실까지 가는 길이 도로 바로 옆 인도였다. 한창 사춘기로 민감한 나이에 화장실 문을 열고 들어가는데 오가는 사람뿐 아니라 지나가는 차 안의 누군가가 나를 주시하는 것만 같았다. 사람이 지나간다 싶거나 차량이 신호 대기로 정차해 있으면 잠시 딴청을 하다가 내 모습을 아무도 지켜보지 않는다는 확신이 드는 순간 화장실로 쏙 들어가곤 했다. 아주 어릴 땐 밤에 혼자 화장실 가는 게 무서웠지만 이런 환경에서는 차라리 깜깜한 게 편했다. 내가 화장실 가는 모습이 눈에 잘 띄지 않기 때문이다. 화장실에 들어가 볼 일을 보고 있으면 지나가는 행인들의 이야기 소리도 들렸다. 그들은 신경도 쓰지 않는데 괜히 내 모습을 들킨 것만 같아 움츠러들었다.

들어갈 땐 사주 경계를 할 수 있지만 문제는 나올 때였다. 차가 정차해 있는지 행인이 있는지 알 길이 없었다. 감을 믿었다. 작은 소리 하나 놓치지 않는 섬세함으로 누군가가 지나가지는 않는지 마음을 집중하면서 그렇게 물을 내리고 순식간에 문을 열었다. 대부분 성공했지만 아뿔싸, 문을 열어젖히는 순간 내 또래 여중생 몇몇이 지나가기도 했고, 신호 대기하던 차가 줄지어 정차한 적도 있었다.

고등학교 때 부모님이 식당을 그만두고 아버지가 노가다일로 번 돈으로 네 식구가 생활할 때가 있었다. 그리 넉넉한 형편이 아니었고 주인집에 달린 월세를 살았다. 방 두 개를 이어주는 가운데가 작은 부엌이었고 그 옆에는 세면장이 있었다. 화장실은 거기 없었고 세면장 문을 열고 뒤쪽으로 열 걸음은 더 가야 화장실이 나왔다. 그때는 인도나 도로변은 아니어서 그나마 다행이었다. 하지만 옆 집 마당과 벽 하나를 두고 이어진 쪽길이었다. 그 길을 매번 반복해 가다 보면 옆 집 사람을 만날 때가 꽤 있다. 차라리 모르는 사람은 그저 지나치면 되지만 같은 사람을 매번 화장실 갈 때 마주친다는 것은 피곤한 일이다. 앞에서 말했던 화장실에서 느꼈던 민망한 감정이 스쳐 지나가는 다수를 대상으로 한 것이었다면, 이번엔 자주 마주치는 고정적인 소수를 대상으로 한 감정이었다. 형과 내가 대학을 가고, 부모님은 아들 둘의 학비와 생활비를 지원하느라 그 집에서 꽤 오랜 시간 지내셨다. 두 자식이 모두 대학을 마치고 나름 기반을 잡아갈 때쯤에야 화장실이 집 안에 있는 빌라로 이사를 할 수 있었다.

친구들이 살던 고시원에 놀러가보면 겨우 한 명 누울 만한 침대와 공간을 집약적으로 활용한 모습에 놀라기도 했지만, 공동 샤워장과 공동 화장실이 더 인상적이었다. 최소 10명이 넘는 학생, 혹은 사회인들이 그곳을 함께 사용했다. 남녀 층 구분도 안 되는 고시원이었다. 그렇게 남녀가 조심조심, 때로는 에라 모르겠다는 심정으로 칸막이로 된 곳에서 샤워를 하고 볼 일을 봤다.

화장실은 사적 공간이다. 별 짓을 다해도 누군가 지켜보거나 엿듣지 않는다는 확신이 있을 때 자유를 느낀다. 가장 자유로울 수 있는 공간을 단독으로 사용한다는 것은 주거에 있어서 혁명과도 같은 일이다. 가장 사적이어야 할 공간을 누군가와 공유하거나 혹은 인간 본연의 자율성과 적나라함을 누리지 못하고 단지 기능적으로 씻고

싸는 역할에만 그친다면 아쉬운 일이다. 주거 투쟁은 일조권이나 조망권 등의 업그레이드를 위한 것도 있지만 화장실 단독 사용을 위한 투쟁이기도 하다.

지금은 화장실에 핸드폰을 들고 들어가 영상을 보면서 나만의 자유를 누리기도 한다. 아내는 화장실 간 내 님이 소식도 없다며 함흥차사라고 말한다. 화장실에서 비밀스럽게 무한히 누릴 자유를 억압받아봐서인지 그곳에서 맘껏 누리고 싶을 때가 있다.

사람이 기억에 남는 고등학교 기숙사 생활

수년 전 증축 및 리모델링을 해서 4인 1실로 바뀌었다고 하지만 20여 년 전 고등학교 1학년일 때는 10명이 한 온돌식 방에서 생활했다. 내가 나온 고등학교 기숙사 이야기다. 군대 생활관도 당시 기준으로 보면 생활관 내부에 중간 복도식 통로가 있고 양 갈래로 온돌식이었지만, 기숙사는 방 입구 신발장에서 신발을 벗고 들어가면 큰 방에서 10명이 생활하는 군대보다도 낙후된 구조라 할 수 있었다. 그때 그걸 몰랐다. 처음으로 부모에게서 떨어져 생활한다는 사실이 신기했고, 시골 촌놈들이 죄다 모여 함께 생활한다는 것 자체가 흥미로웠다. 대부분 기숙사생이 도시에서 꽤나 떨어진 시골 출신이었지만 나는 도시인이었다. 학교에서 20분 정도 거리밖에 안 됐지만, 기숙사 생활에 대한 동경이 있었다. 한번 살아보고 싶어서 신청했는데 자리가 모자라지 않아 거기서 1년을 생활할 수 있었다.

10명이 1인용 이불을 쭉 깔면 넉넉히 찰 정도의 방 크기였다. 양쪽 벽으로 머리를 대고 발이 가운데로 몰리는 방식으로 누워 잤고,

머리 위로 벽에는 1m 정도 길이의 사물함이 달려 있어 개인 물품과 이불 등을 보관할 수 있었다. 매주 토요일 아침 등교 때 빨랫감 등 짐을 가지고 나갔다가 일요일 저녁 기숙사에 복귀했다.

10명이 한 공간에서 생활하는 풍경, 사춘기 고등학생이지만 생각보다 질서 정연했다. 서로 부대끼며 살다 보니 누군가의 게으름이 다른 누군가에게 피해를 준다는 사실을 몸소 깨달았다. 정해진 청소 시간, 농땡이 치는 친구들 없이 대체로 합심해 하는 걸 보면 집단 주거 공간이 암묵적으로 주는 압박이 있나 보다. 퇴역 군인이었던 노년의 사감 한 분이 백여 명이 넘는 사생을 담당하는, 사실상 감독자가 부재한 상황이었다. 청소의 원동력이 '공포의 균형'이라기보다 공동의 공간에서 함께 거주하는 이들이 필요에 의해 만든 '공존의 균형'에서 비롯했다고 할 수 있었다.

아침 기상시간이면 방마다 연결된 스피커에서 최신가요가 귀청이 떨어져 나가도록 나왔다. 사감이 귀가 어두운 게 아닌지 의심할 정도였다. 이렇게 크게 틀지 않아도 될 텐데 말이다. 날마다 다양한 최신가요를 틀어주면 좋으련만, 1년 내내 같은 테이프, 게다가 항상 같은 곡이 제일 먼저 울려 퍼졌다. 지금도 잊히지 않는 김기하의 〈나만의 방식〉.

"아직 세상이 날 버린 건 아니야. 운명 속에 길들여진 그런 인생이 싫었어. 거친 사막에 피어난 푸르른 선인장처럼 불꽃같은 삶을 살고 싶어, 나만의 방식으로…."

1996년 나온 이 곡은 20년이 지나도록 가사가 또렷하게 내 머릿속에 박혀 있다. 언제부터인가 그 노래만 나오면 눈이 번쩍 뜨이는 내 모습을 보며 1890년대 러시아의 이반 파블로프가 실험에 사용했던 개라도 된 건 아닐까 싶어 기분이 나빴다. 충실한 파블로프의 개가 된 기숙생들은 그 노래 몇 소절만 나와도 냉큼 세면장으로 뛰어갔다. 조금만 늦어도 20개 정도 수도꼭지가 달린 세면대에서 줄을 서야 하지만 냉큼 달려가면 바로 세수를 할 수 있었다. 세면대에서 어떤 고등학생은 머리에 물만 묻히고 나왔고, 또 어떤 이는 얼굴에 온갖 세안을 하며 피부 관리에 열을 올리기도 했다. 얼굴을 가꾸는 학생 줄에 서 있는 아이들은 하루 시작부터 종쳤다. 파블로프의 개는 되지 않겠다며 마지막까지 잠을 청하던 학생들은 방을 돌아다니며 눈에서 레이저를 날리던 사감에게 잔소리를 들어야 했다.

방학 때도 기숙사는 쉴 줄 몰랐다. 방학 보충수업과 자율학습을 무지막지하게 시키던 학교였는데 지금 생각해보면 전교생 대부분이 사교육을 받지 않고 학교라는 공간에서 모든 걸 해결하는 게 가능했다. 사교육이 판치고 교육의 중심이 서울, 서울 중에서도 일부 학군에 몰린 현 상황에서는 상상하기 힘든 과거의 풍경이다.

보충수업과 자율학습을 마치면 방학 땐 저녁 자율학습은 없었다. 기숙생들의 장이 열리는 것이다. 저녁을 일찌감치 챙겨 먹고, 농구·축구 등 온갖 구기 종목이 펼쳐졌다. 깜깜한 운동장의 가로등에 의지해 농구를 하다 보면 안경이 여럿 부러졌다. 저녁 리그를 마치고 샤워실에서 서로 몸을 부대끼며 한바탕 샤워를 마치면 야식 시간. 학교 개구멍으로 빠져나가 마트 한쪽에 마련된 테이블에서 전자레인지에 만두를 돌려먹거나 어떨 땐 날을 잡아 시내 비디오방에 가서 영화를 관람했다. 비디오방 멤버 중 대담한 성품을 가진 친구가 있다면 수지맞는 날이다. 과감하게 '빨간 비디오'를 골라 주인에게 가져갔다. 주인이 미성년자라는 걸 눈 감고 비디오를 틀어주는 날, 얼마나 설레던지.

서로 알 거 다 아는 기숙사 주거 공간이었지만 그곳에서도 패권이 자리하고 있었다. 한번은 기숙사에 도난 사건이 연이어 발생했다. 용의자를 특정하지 못하던 상황에서 2, 3학년 선배들은 1학년을 용의자로 지목했다. 2, 3학년들만 기숙사에 있을 땐 발생하지 않던 도난 사고였는데 1학년이 들어오고 나서 발생했다는 이유였다. 억지 논리였지만 패권에 밀렸던 1학년으로선 돌파구가 없었다. 야심한 밤에 기숙사 뒤에 1학년이 정렬했고, 군장을 찬 2학년(3학년은 입시 준비로 바빠서인지 지시만 내리고 빠졌다. 진정한 패권이었다)이 군기를 잡았다. 그 모습이 하도 웃겨서 나는 피식 웃음을 날렸고 순식간에 따귀가 되돌아왔다. 그렇게 엎드려뻗쳐서 고무로 된 빠따로 대여섯 방을 맞았다. 나무와 달리 고무 재질은 탄력성이 상당했다. 며칠이 지나도 잘 지워지지 않는 검은 멍을 살갗에 남겼다. 현장을 카메라로 찍어 SNS에 올리던 시절도 아니었다. 그렇게 패권의 횡포가 잊혔다.

토요일 기숙사를 나설 땐 일주일에 한 번 집에 가는 기대감이 있었다. 1박 2일 짧게 머물다 갔지만, 그래도 집의 포근함이 좋았다. 가족과 함께라서 그저 좋았다. 때로는 궁핍하더라도 맘이 맞는 사람과 함께하는 주거 공간이 으리으리한 집보다 나은 것이다. 일요일 저녁 복귀 땐 가족과 헤어지는 아쉬움이 컸다. 나만 그런 게 아니었다. 여기저기서 다시 모인 촌놈들은 컵라면 자판기에서 뜨거운 물을 받고는 후루룩 짭짭 후루룩 짭짭 먹어가며 시시껄렁한 이야기로 아쉬움을 달랬다.

기숙사 생활의 편리성이나 구조, 인테리어보다 거기서 만난 친구들과 함께 어울리며 생활했던 내용이 더 기억에 남는 걸 보면 주거 공간은 역시 시설도 시설이지만 누구와 함께하는지가 더 중요하다.

통닭
OO이사

2부

끝나지 않는 주거 투쟁

도시에서
아이를 키우며
산다는 것

이사 이유

이사 이유가 분명할 때, 그에 걸맞은 집을 구해 이사할 수 있다면 다행스러운 일이다. 도심에서, 특히 서울에서 필요에 따른 이사를 할 수 있다면 감히 능력자라고 말할 수 있을 것이다. 해마다 상황이 변하고, 변화에 따른 필요가 생기고, 필요를 채우기 위해 이사를 계획하고, 이사를 통해 필요를 채우고…. 또 상황이 변하고, 필요가 생기고, 이사하고…. 주거 투쟁의 현장을 지금껏 성실히 달려왔다고 해도 이 싸움은 완료형이나 과거형이 아닌 현재 진행형으로 부를 수밖에 없다.

결혼하면 혼자일 때와는 다르다. 둘만의 오붓한 공간이 필요하다. 신혼부부가 한창 뜨겁게 사랑을 나눌 시기에 방음도 잘 안 되는 고시원에서 살 수는 없는 노릇이다.

대학 졸업 후 여자친구가 살던 고시원에 놀러 갔을 때 벽이 얼마나 얇던지 옆방의 사부작사부작 소리까지 들리곤 했다. 벽은 있으되 시각만 가려주는 용도였지 청각은 벽을 자유자재로 관통하는 느낌이었다.

방음이 제대로 안 되는 집은 신혼부부라면 더더욱 살 곳이 못 된다. 그런 곳에선 남녀가 나란히 앉아 세상 돌아가는 일을 논하고, 인생의 방향에 대해 깊이 토론하며, 뜨거운 사랑이란 무엇인지에 대해 몸소 실천하는 이 모든 일이 불가능하다. 벽 사이로 전해질 소리가 두려워 남녀 간의 거사를 치르지 못하는 건 비극이다. 혼자일 때야 얼마든지 가능하다 해도 둘이 결합하게 된다면 거처를 옮겨야 한다. 이사 이유가 가장 확실하다.

아이들이 태어나면 또 다른 이유가 생긴다. 부부 둘만 있을 땐 남북 관계니 국제 정제니 거대 담론이라도 논할 수 있지만, 아이들이 생기면 이사 이유가 인간의 본능에 가까워진다. 잘 먹고, 잘 자고, 잘 싸고, 잘 쉬는 본능이 주된 이유가 된다. 둘일 땐 잘 깨닫지 못했던 건강 문제, 다시 말해 아이들의 건강한 성장을 위한 환경이 이사의 핵심 이유가 된다.

면역력을 갖춰가는 아이들은 어른과 같지 않다. 내리쬐는 넉넉한 햇볕과 좋은 공기가 필요하다. 아이들이 걷고 뛰기 시작하면서부터는 맘껏 뛰어놀 공간이 필요하다. 도심에서 아이를 키운다면 이런 필요가 더욱 절실해진다. 도심에 살면서도 자연과 접할 기회를 최대한 많이 줘야 한다는 게 아이를 낳고 나서 뒤늦게 깨달은 부모로서의 의무다.

아이의 출생은 시작일 뿐이다. 아이들이 자라면서 이사 이유는 다변화된다. 어린이집과 유치원 등 수많은 변수와 고려 요소가 작용한다. 초등학교, 중 · 고등학교에 입학하게 되면 또 어떨까.

별로 잃을 것도 없이 혼자 살 때는 이러한 이사 이유들이 나와는 거리가 멀 거라고 생각했었다. 누가 뭐라 해도 나는 이런 변수에 휘둘리지 않고 초연할 거라고 순진한 생각을 했던 시절이 있었다. 그러나 나이가 쌓이는 숫자만큼 의무의 무게가 더해지면서 내 다짐과 신념이 그렇게 견고하지 않을 뿐더러 순식간에 무너져 내릴 수 있다는 걸 알게 됐다. 혼자 살 땐 이사를 앞두고 '더하기 빼기' 수준만 고민하면 됐다면 나이가 들고 가족이 늘어나다 보니 '곱하기 나누기', 더 나가서는 'x방정식', '루트' 차원으로 복잡해진다. 더구나 도시에서 아이를 키우며 산다는 것은 고민의 강도를 훨씬 더 높게 만든다. 앞으로 나는 또 어떤 이유로 이사를 고민하게 될까.

삼희성(三喜聲)이 삼악성(三惡聲)으로 변하는 시대

우리 선조들은 삼희성(三喜聲), 즉 세 가지 듣기 좋은 소리라고 해서 아기 울음소리, 다듬이 소리, 책 읽는 소리를 꼽았다. 그러나 요즘은 삼희성을 듣기 좋은 소리로 분류하기 쉽지 않다. 도시에서는 특히 그렇다.

다듬이 소리를 듣지 못하는 세상이다. 세월이 흘렀다. 다듬잇돌 위에 홍두깨에 감아 올려놓은 옷감을 다듬잇방망이로 두드리는 맛을 느낄 수 없다. 우리 할머니 세대는 다듬이를 내리치며 옷감의 구김살을 매끈하게 펴는 데서 희열을 느꼈을 것이다. 두드리고 때리면서 시어머니에게 받았던 온갖 스트레스를 훨훨 날려버리지 않았을까.

책 읽는 소리도 좀처럼 들을 수 없다. 고시와 공시, 취업을 준비하는 독서실, 도서관은 낭만이 사라진 전장(戰場)이다. 과거에도 이곳은 전장이었지만, 서로에 대한 배려와 이해는 남아 있었다. 요즘은 조금이라도 소리를 내면 눈총이 날아오는 삭막한 분위기, 책장 넘기는 소리도 시끄럽다며 이의를 제기하는 모습이 연출된다.

아이 울음소리는 또 어떤가. 집들이 다닥다닥 붙은 다가구주택은 그나마 아이 울음소리가 들리지만, 횡으로 벽이 가로막고 있는 아파트와 같은 공간에서는 웬만한 옆집 아이의 울음소리를 듣지 못한다. 수직으로 된 이웃 간 층간소음에 민감할 뿐이다. 위층의 아이가 쿵쿵대는 소리를 들으며 "아이가 씩씩하고 건강하게 잘 자라고 있구나"라며 흐뭇해 할 아래층 사람이 얼마나 될까. 층간소음으로 칼부림까지 나는 시대다.

아이 울음소리 등 아이의 본성에 충실한 행위를 견디기 힘들어 이를 원천 차단하는 '노 키즈 존'이 점점 늘고 있다. 아이 데리고 어느 식당에라도 갈라치면 주변 눈치를 살펴야 한다.

삼희성으로 여겨졌던 소리가 이처럼 악으로 평가되고 있다. 예부터 사람이 죽었을 때, 불이 났을 때, 도둑이 들었을 때 나는 소리를 일반적으로 삼악성(三惡聲)이라 했다는데 점점 삼희성과 삼악성의 경계가 모호해지고 있다.

여러 원인이 있을 것이다. 개인의 권리에 대한 욕구가 과거보다 강해졌다. 외부 환경에 내 생활을 침범받지 않을 권리에 대한 요구와 관심이 커졌다. 조용히 쉬고 싶은 권리, 외부 간섭 없이 사생활을 즐길 권리가 강화됐다.

주거 형태의 변화도 영향을 미쳤을 것이다. 과거 초가집, 한옥 집은 담이 낮고 이웃의 대소사가 다 들릴 정도로 열린 공간이었다. 하지만 콘크리트로 된 네모난 아파트에 사는 인구가 절반이 넘는 지금, 둥글지 않고 각이 진 사적 공간에 이웃의 관심이 들어갈 틈이 많지 않다. 이웃집의 아이 울음소리가 아무리 귀해도, 그 울음소리가 콘크리트 벽을 넘어서는 순간 소음으로 여겨지는 이상 삼희성은 삼악성으로 둔갑한다. 윗집 아이들의 쿵쾅거리는 층간소음은 미덕이 아닌 권리에 대한 침해로 다가오는 시대다.

아파트 유감,
소심한 저항을 하다

"가벼운 고장과 수리는 일상으로 겪는 두통거리다. 승리 아파트는 1930년경에 지어서 낡을 대로 낡아 조금씩 부서지는 중이다. 천장과 벽에서는 횟가루가 끊임없이 떨어지고, 혹한이 몰아칠 때마다 수도관은 터지고, 눈만 오면 지붕이 새며, 난방장치는 완전히 차단하지 않을 때도 경제적인 이유로 열기를 절반만 보내는 게 보통이다. 직접 수리하지 않는 한, 간단한 고장과 수리는 위원회 여기저기에 보고하고 허락받아야 하는데, 창문 하나를 고치는 데도 2년은 족히 걸린다."(『1984』, 조지 오웰 지음, 김옥수 옮김, 비꽃, 2017)

『1984』는 조지 오웰이 전체주의 사회를 비판하며 1949년에 발표한 작품이다. 소설에서 주인공 윈스턴이 생활하는 공간이 아파트라는 점이 의미심장하다. 윈스턴이 전기가 차단돼 운행되지 않는 승강기 대신 하지정맥류 궤양이 생긴 발을 이끌고 7층으로 걸어 올라가는 장면, 한 층 오를 때마다 그를 맞이하는 건 '빅브러더가 당신을 지켜본다'는 문구. 집에서도 '텔레스크린'이라는 통신설비의 감시망에서 자유로울 수 없다.

아파트는 조지 오웰의 소설에서만 부정적으로 묘사된 것이 아니다. 유럽에서는 아파트가 우리나라에서만큼 그렇게 귀한 대접을 받지 못했다고 한다. 유럽에서 주택 문제 해결을 위해 대량으로 지은 아파트는 곧 슬럼화되거나 한때 유행에 그치곤 했다.

하지만 우리나라는 예외다. 아파트 열풍이 끊이질 않는다. 지금도 전국 방방곡곡에 고층 아파트가 올라가고 있다. 아파트의 편리함, 안전함 등 아파트로 이주하는 사람들은 저마다의 이유가 있을 것이다. 한국의 집약적 성장과 발전이 그대로 녹아 있는 상징이 바로 아파트이기도 하다.

한국에서 아파트가 7층으로 올라선 것은 1960년대다. 1965년 완공된 동대문아파트가 7층이었다. 고급화 콘셉트로 지어졌고 연예인들이 많이 살아서 연예인아파트라는 별명을 얻었단다. 그러던 아파트가 시민 아파트, 주공 아파트 등을 거쳐 대중화돼 갔다. 대중화된 아파트의 모습은 어찌 보면 조지 오웰이 『1984』에서 보여준 감시사회의 모습과 닮은 점이 있다.

내가 살고 있는 아파트는 중앙 방송 시스템으로 한 번씩 공지사항을 전달한다. '아파트 벽칠 작업을 하니 창밖으로 작업하는 사람이 내려와도 놀라지 말라', '명절을 맞아 공터에서 특산물을 판매하고 있으니 애용해 달라', '한파에 수도관 관리에 신경 써라', '새로 들여온 음식물 쓰레기 기계를 사용하는 방법을 잘 숙지하라'는 등 안내

멘트가 흘러나온다.

송수신 기능을 모두 갖춘 1984식 텔레스크린과 달리, 아파트 안내 방송은 수신 기능만 있고 송신 기능이 없는 게 다행이다. 방에서 나누는 대화까지 송신이 돼 빅브러더의 감시를 받는다면 절망이다. 절망스러운 일이 현실화되기라도 한다면 이 아파트라는 공간이 전체주의자의 지배 도구로 쓰이기엔 안성맞춤이라는 생각이 든다.

전용면적 59m²~85m²(24~32평)의 아파트 단지를 예로 들면 획일적 공간이라는 전체주의적 요소가 잘 갖춰져 있다. 이 집 저 집의 구조가 '방 2 화장실 1'(24평) 혹은 '방 3 화장실 1'(28평) '방 3 화장실 2'(32평) 등으로 비슷하고 중앙 방송 시스템이 집 안까지 잘 연결돼 있다.

"획일성만 존재하는 시절, 고독한 시절, 빅브러더가 지배하는 시절…" 텔레스크린이 시간을 알리는 종 치는 소리를 들으며 정해진 시간까지 정해진 곳에 있어야 하는 윈스턴처럼 누군가 이 전체주의적 모습에 가까운 인프라를 이용해 빅브러더의 역할을 하려 든다면 아파트는 그야말로 통제하기 쉬운 최상의 구조물인 셈이다.

거실에는 소파와 벽걸이형 혹은 스탠드형 TV, 방에는 침대와 장롱, 작은 방에는 아이들 공간…. 너나 나나 아파트에 사는 사람들이라면 맞춤형으로 선택하는, 맞춰야 할 것만 같은 그런 구조다.

현실적 여건상 아파트를 탈피하기는 힘들다. 그저 소심한 저항을 한다. 빅브러더의 지시를 받기라도 한 듯한 획일적 구조에서 탈피하기 위해 우리 가족은 TV를 거실에서 치웠다. TV 대신 책장을 들여놓았다. 기분이 동할 때면 아내와 나는 소파를 작은 방에도 들여

넣어봤다가 거실로 빼보기도 하면서 나름의 변신을 시도한다.

획일적 공간에 살면서도 빅브러더의 지배를 받기 싫어하는 우리 가족의 저항은 계속된다.

아파트 층간소음과 경고장

아파트 혹은 빌라에서 어떤 이웃을 만나느냐는 복불복이다. 특히 아래층 입주자가 어떤 성향의 사람인지는 아이를 키우는 집이라면 초미의 관심사다. 이사할 때 사전 정보를 얻으면 좋으련만 사실 불가능에 가깝다. 세입자가 빨리 들어와야 하는 전셋집 주인이나 집을 팔아야 하는 매매자 입장에서 볼 때 아래층 사람들이 설사 층간소음에 민감하다고 하더라도 곧이곧대로 이야기하지 않는다. 이사할 집을 보러 갔을 때, 살던 사람이나 집주인이 아래층 사람들의 층간소음 민감도에 대한 질문에 "어느 집이나 다 이해하고 사는 거죠" 정도로 이야기한다면 이사를 재고해볼 필요가 있다. 뭔가 숨기는 것일 수 있다.

안드레아스 브레너 등은 『삶의 기술 사전』(김희상 옮김, 문학동네, 2015)에서 "이웃은 내가 골랐다기보다는 골라진, 적극적이라기보다는 수동적일 수밖에 없는 관계를 형성한다"고 말한다. 내가 고를 수 있다면 가장 고르고 싶은 사람이 바로 이웃, 그중에서도 아파트에서 아래층에 사는 사람일 것이다.

하지만 고를 수 없다. 골라진 존재, 거기에 우리의 향후 삶의 질이 달려 있다. 까다로운 아래층 사람을 만나면 편히 쉬어야 할 집에서의 거동에 일일이 신경 써야 한다. 특히나 아이를 키우는 집이라면 아래층에 누구를 만나느냐가 절대적이다. 까다로운 이웃일수록 안드레아스 브레너가 말했듯 위층 사람들에게 "이웃으로서 도의를 지키라고 요구"하게 마련이다.

빌라에 살 때 다행히 아래층 신혼부부는 많은 것을 요구하지 않았다. 아래층 부부는 결혼을 앞두고 이사 왔다. 아이들은 없었지만, 아이들을 좋아하는 부부였다. 아래층 남자가 우리 부부를 만나 "층간 소음 신경 쓰지 마세요"라고 말했다. 눈물이 날 정도로 고마웠다. 고른 이웃이 아닌 골라진 이웃이었지만 우리 부부에게는 최선의 이웃이었다. 그래도 염치를 발휘해 최대한 아이들을 주의시켰다. 아무리 이웃이 괜찮다고 해도 그냥 방치한다면 아래층에 대한 예의가 아니다. 그들에게도 위층에 사는 우리는 골라진 이웃일 텐데, 이웃을 잘못 만났다고 생각하면 곤란하다. 서로 골라진 이웃이 좋은 이웃이어야 한다.

빌라에서 아파트로 이사했을 때, 첫째 아이가 다섯 살이었다. 이사한 후 두 달쯤은 조용히 지나는가 싶었다. 그러던 어느 날, 아파트 현관문에 걸어놓은 우유 배달함에 한 장의 편지가 놓여 있었다. 직감했다. '드디어 올 것이 왔구나!'

그 편지에는 "계속 참아보려 했으나 이제 좀 과하다는 생각이 든다"며 층간소음에 대한 문제 제기가 담겨 있었다.

표현은 정중했으나 행간에는 날카로운 비수가 꽂혀 있었다. 철렁대는 가슴을 주체하기 어려웠다. 편지에 제목을 굳이 달지 않았지만, 분명한 '경고장'이었다. 애들 키우는 사정 뻔히 아는데 아래층 분들이 좀 야속하기도 했다. 하지만 한편 생각하니 오래 참아줬다는 생각이 들었다. 골라진 이웃을 제대로 만나는 순간이었다. 이전에는 경험하지 못했던 이웃이다.

아래층에 답장을 보냈다. 경고장에 대한 도전장은 아니었다. 도전장이 됐다면 아래 위층의 관계가 파탄으로 끝날 수 있었다. 도전장을 내밀 만한 명분도 없었다. 철모르고 뛰는 어린 자식 가진 사람이 그저 죄인이었다. 답장에는 무조건적 사과와 약간의 양해를 담았다. 아파트에서 아이를 키우는 부모는 숙이고 들어갈 수밖에 없다.

고민이 깊어진다. 두 아이들 모두 말로 해서 들을 나이가 아니다. 이 아이들은 부모가 입에 달고 다니는 '뛰지 마' '살살' '조심조심'이라는 말을 듣고, 쉽게 이해가 되지 않을 것이다. 집에서든 놀이터에서든 맘껏 뛰어노는 것은 아이들의 본성이다. 본성을 이기려면 이성이 발달해야 하는데 대여섯 살 아이들에게 성숙한 이성을 강요하는 것은 하나의 폭력이 된다. 이런 아이들을 붙잡고 계속 조심시켜야 하는 상황이다. 부모가 컨디션이 좋을 때는 '말'로 하겠지만, 직장생활과 육아로 인한 피곤이 겹친 날 집에서 쿵쿵거리며 노는 아이들을 향해 고함이라도 치면 아이들은 어떻게 받아들일까.

천진난만한 아이들의 발산 행위를 과연 잘못, 그릇된 일로 규정할 수 있나. 신나게 뛰어놀아야 하는 아이들에게 본성을 거슬러 억압을 강요해야 하는 아비의 마음은 온갖 생각으로 가득했다. 경고장을 받은 그날 밤, 잠이 쉽게 들지 않았다.

그래도 우리 부부는 양호한 편이었다. 어느 날 아침 출근길에 택시를 탔더니 기사님께서 이 아파트에 사느냐고 묻는다. 택시 기사님은 "아이고, 아들 부부가 이 아파트 살았는데 아랫집에서 얼마나 항의하는지 결국 몇 달을 못 버티고 이사 했어요"라고 말한다. 그때의 기억이 떠올랐는지 택시 기사님의 표정이 좋지 않다. '단순 경고장 한 장에 그친 우리 집은 그래도 양반이구나'라는 생각이 들었다.

얼마 뒤, 아래층 사람이 이사했다. 이웃은 하늘이 골라주는 것이라고 한다면 하늘이 도왔던 것일까. 아래층이 이사한 구체적 사유는 알지 못한다. 그렇게 경고장을 보낸 지 얼마 안 돼 이사할 거였으면 너그러운 마음으로 조금만 더 참아줬더라면 어땠을까 싶다. 마지막까지 좋은 기억으로 남아 있을 텐데 아쉬웠다.

문제는 이제부터다. 아래층으로 입주하게 될 다음 사람들은 어떤 성향일까. 간절해진다. 복불복. 골라진 이웃에 대한 기대감이 급상승하는 순간이다.

드디어 아래층 이사 날, 그들의 동정에 괜히 관심이 간다. 신혼부부가 이사 왔다. 처음 빌라에 살았을 때와 비슷한 너그러운 성품의 부부였다. 이전에 살던 사람들보다 층간소음에 대한 이해도가 높았다. 우리 부부 역시 최선을 다하려 했다. 생각날 때 한 번씩 속죄하는 심정으로 아래층을 찾았다. 과일 등 먹을거리를 한 손에 들고 아래층에 내려가는 자리에는 아이들도 대동한다. '이렇게 말이 안 통하는 어린아이들이 층간소음을 내는 것이니 좀 양해해 달라'는 무언의 신호였다.

그 뒤로는 현관문 앞 우유함에 편지가 더 이상 놓이지 않았다. 시간이 좀 더 흘러 아래층 신혼부부도 자녀를 출산했다는 사실을 알게 됐다. 아래층 부부의 아이가 자라면서 이 방 저 방을 맘껏 활보하는 나이가 되면, 우리 부부와 마찬가지로 아래층 사람들, 즉 '골라진 이웃'에 대해 생각할 것이다. 그들의 아래층 역시 너그러운 이웃이기를 바라본다.

놀이터는 왜 똑같은 모양일까

첫째 아이가 유치원에서 집까지 오는 길에는 놀이터가 정확히 세 개 있다. 유치원의 같은 반 친구들이 삼삼오오 모여 가장 가까운 놀이터에서 한바탕 판을 벌인다. '까르르까르르' 아이들의 웃음소리가 끊이질 않는다. 아이들이 놀 때면 인솔자인 엄마와 이모, 할머니가 한쪽 벤치에서 간식을 나누며 담소를 즐긴다. 그렇게 30분에서 한 시간 정도를 놀고 나면 하나둘 집이나 태권도, 영어 교실로 향한다.

1차 놀이터를 마치고 우리 아이들이 집으로 향하다 보면 이내 다른 아파트 단지 안에 있는 두 번째 놀이터를 만난다. 참새가 다시 만난 방앗간을 그냥 지나치기 어렵듯, 아이는 미련이 남았는지 새로 만난 놀이터에서 2차를 즐긴다. 세 번째 놀이터를 지날 때도 비슷한 패턴이 반복된다. 직장의 회식 문화는 1차에서 끝내는 것을 권장한다지만, 유치원 하원하면서 아이들이 놀이터에서 오래도록 노는 건 체력이 닿는 한 권장하고 싶은 일이다.

그러나 늘 아쉬움이 남는 게 있다. 집으로 오는 길에 만나는 놀이터는 세 개나 되는데 어찌 그리 생긴 게 똑같은지 모르겠다. 4차 산업혁명 시대, 창의성을 최우선으로 하는 요즘 놀이터 문화는 여전히 후진적이다. 놀이터 넓이만 차이가 날 뿐, 붕어빵 찍듯 비슷한 모양으로 만들어낸 것 같다. 어른들이 회식할 때도 3차까지 가면 웬만하면 메뉴와 분위기가 바뀌게 마련인데 아이가 '놀이터 3차'를 하면서 똑같은 기구만 타야 한다니 안타까운 일이다. 놀이터가 인기 경쟁을 포기하기라도 한 걸까. 약속이나 한 듯 미끄럼틀 몇 개가 달린 조합놀이대가 무게감 있게 중앙 쪽에 배치돼 있고, 그 주변으로 시소와 그네 등이 자리한다.

이런 문제의식을 가진 건축학자들이 있다. 『건축이 바꾼다』(마티, 2017)의 저자 박인석 명지대 건축학부 교수는 '창의성 죽이는 어린이 놀이터'가 생기는 이유를 몇 가지로 분석했다. 두 가지로 요약하면 다음과 같다.

> 1 · 아파트건설이 본격적으로 진행된 1979년 '주택건설 기준에 관한 규칙'에서 놀이시설의 설치기준이 생겼고, 이 규칙에 따라 설계규범이 굳어졌다. 1991년 '주택건설 기준 등에 관한 규정'이 새로 제정되면서 이 규칙은 폐지됐지만, 이미 놀이터 만드는 문화가 관행으로 자리 잡힌 측면이 있다.
>
> 2 · 규제시기에 놀이시설을 규격대로 설치하다 보니 제품시장 역시 이 제품으로 종류가 한정됐다. 놀이시설 시장에서는 다양한 놀이시설을 개발해 판매하는 상품경쟁이 벌어지지 않는다.

아파트단지 설계 등을 하면서 조경설계 업체가 정해질 때 놀이터 설계내용이 차지하는 비중은 작아서 신경을 잘 쓰지 않는다.

박인석 교수는 이러한 문제에 대한 해답을 제도에서 찾아야 한다고 말한다. 우선 "어린이 놀이터가 설계 경쟁 대상이 되도록 해야 하고, 설계 경쟁에서의 승자가 조경설계와 놀이터 시공을 맡도록 해야 한다"고 강조한다. 또 "'어린이 제품 안전 특별법'을 특별히 만들었듯이 조경설계 용역 발주과정에서, 또는 놀이터 시공 발주과정에서 우수 설계자가 선정되도록 하는 특별한 규정을 만들어야 한다"고 말한다.

대안은 생각보다 멀리 있지 않다. 여러 곳에서 대안이 시도되고 있다. 서울 성수동에 조성해놓은 '서울숲'에는 획일성을 탈피한 어린이 전용 모래 놀이터, 상상 거인의 나라, 환경 놀이터 등을 설치했다. 각종 지자체마다 거꾸로 놀이터, 예술문화 놀이터 등을 설치하는 곳도 늘어나고 있다.

누군가는 이런 의문을 제기할지 모른다. 이런 특색 있는 놀이터는 아이들이 금방 싫증을 느낀다거나 기본이 되는 그네나 시소 등을 이용할 수 없다는 문제제기다. 아파트 단지에서 아이들이 놀려면 전형적 타입의 놀이터를 만들어야 한다는 것이다. 물론 기본은 중요하다. 미끄럼틀과 시소, 그네는 아이들 놀이의 기본이 되는 측면이 없지 않다.

그러나 대안은 있다. 아파트가 빼곡히 모인 밀집 지역에서는 계획적으로 특색 있는 놀이터를 하나씩 만들면 된다. 기본이 되는 놀이터도 있어야 하지만 특색 있는 놀이터도 필요하다. 놀이터가 보통 서너 개씩 있는 여러 단지가 모인 아파트의 경우 계획적으로 설계할 수 있을 것이다. 아파트 간 연합해 놀이터를 설계하고 아이들이 서로의 놀이터를 왕래할 수 있게만 한다면 대안으로 자리매김할 수 있을 것이다.

놀이터가 획일성을 탈피한다고 해서 아이들의 창의력이 저절로 길러지는 것은 아니다. 특색 있는 놀이터를 만든다고 해도 그것 역시 고정된 놀이 시설일 뿐이다. 몇 달에 한 번씩 변신을 꾀하기는 현실적으로 어렵다.

그러나 아이들의 창의력 개발에 도움을 줄 수는 있다. 아이들이 삼삼오오 모여서 노는 모습을 보면, 창의적 능력이 아이에게 내재해 있다는 걸 알게 된다. 같은 놀이터에서 놀더라도 아이 중 누구 하나가 새로운 놀이 방법을 제안한다. 술래잡기를 하더라도 이번엔 다른 아이가 또 다른 방식을 제안해 그 규칙에 맞게 노는 모습을 본다. 놀이터가 획일성을 탈피하면 아이들이 놀이를 제안하는 나름의 방식이 더 창의적일 수 있다. 기존 획일화된 놀이터에서 아이들이 창작해낼 수 있는 놀이의 수가 서너 가지였다면 다른 모양, 다른 용도로 만들어진 놀이터에서는 그 가짓수가 배로 늘어나지 않을까 하는 기대가 있다.

유치원에서 집까지 오는 길에 만나는 세 개의 놀이터가 획일적인 모양에서 탈피해 각각의 특색을 갖춘 놀이터로 개선되는 날이 올 때쯤이면, 우리 아이들은 놀이터에서 즐길 나이는 아닐 것이다. 그렇다 해도 아이들이 사춘기 혹은 성인이 돼서 이 길을 지날 때쯤, 개성 있는 모습으로 바뀐 놀이터 모습을 보고 우리 사회가 뭔가 긍정적 방향으로 변화하고 있다는 걸 느낄 수 있지 않을까.

아파트 예찬도 있다

'팔백 금으로 집을 사고 천금으로 이웃을 산다'는 속담이 있다. 이사할 집을 정할 때, 집도 집이지만 주위의 이웃을 신중히 보라는 뜻이다.

이사할 집을 보러 다닐 때 지금의 아파트에서 받은 인상이 남달랐다. 우선 친절한 경비원. 누구나 웃으며 인사를 건네지만, 웃음이 가식적인지 아닌지는 인사를 주고받는 사람끼리는 안다. 사람의 성품은 쉽게 감출 수 없는 법이다. 삭막한 도시 환경에서 형식적인 인사를 건넬 법도 한데 경비 아저씨들의 모습에서 푸근함이 느껴졌다. 나보다 먼저 아파트를 보고 온 아내가 "경비 아저씨들이 정말 친절한 거 같다"고 할 때만 해도 "언제 봤다고 친절한지 아닌지 알겠어"라고 했지만, 내가 아파트를 보러 갔을 때도 같은 느낌을 받았다. 신기했다.

오가는 아파트 주민의 모습도 그리 나쁘지 않았다. 정겨웠다. 내가 살 집이라 그런지 좋은 쪽으로 생각하려는 심리가 작용했을 수도 있다. 굳이 객관적 요인을 찾아보자면 아파트 주위 환경이 일정 부분 영향을 미친 것 같다. 우리 아파트에서는 어디든 창밖으로 산이 보인다. 사시사철 옷을 갈아입는 수풀이 우거져 있고, 낮에는 온갖 새의 지저귐이 들린다. 공기 좋고 바람 좋고 볕도 환했다. 자연에 치유의 힘이 있다고들 한다. 사람이 많이 사는 곳에 괴팍한 사람, 고약한 사람도 간혹 끼어 있겠지만 자연을 접하고 사는 사람들의 인성이 저도 모르는 사이에 긍정적 영향을 받은 건 아닐까.

아파트로 이사하기 전까지 우리 부부는 아파트에 대한 선입견이 있었다. 서로 교류도 없고, 집에 갇혀서 각자의 삶을 살아갈 거라는 생각이었다. 다가구주택가에 살 때만 해도 골목골목으로 다니면서 말도 한마디씩 건네고 친한 이웃도 쉽게 만들 수 있었지만 아파트는 아닐 거라고 생각했다.

하지만 선입견이 깨지는 데에는 그리 오랜 시간이 걸리지 않았다. 과거 우물가가 동네 사랑방 역할을 했다면 지금은 아파트 놀이터가 우물가 역할을 합디다. 대여섯 살 이하의 아이들은 놀이터에 혼자 보내기가 그렇다. 엄마 아빠들이 아이를 놀이터에 데리고 나오면서 자연스레 삼삼오오 모여 이야기를 나눈다. 아이가 서로 인사를 하면 엄마 아빠들이 원하든 원하지 않든 서로 인사를 건네며 얼굴을 튼다. 아빠들이야 좀 더디지만 엄마들의 친화력과 적응력은 놀라울 정도다. 금세 통성명을 하고 대화의 장이 열린다. 우물가에서 아낙들이 쌀도 씻고 빨래도 하며 담소를 나누는 모습을 나는 아파트에 있는 놀이터에서 발견했다.

평소 친화력이 뛰어난 아내는 또래 아이 엄마들 몇몇을 사귀어 커뮤니티를 형성했다. 어느 날엔 아파트 단지에서 아이 키우는 여섯 집이 모임을 만들었단다. 모임 이름도 있었다. '신부츠'. 신림동 키부츠의 약자다. 키부츠는 이스라엘의 운명공동체로 노동과 소유, 육아, 식사 등과 같은 일상을 함께하는 커뮤니티를 말한다. 이 모임에서는 일주일에 한 번 모일 때마다 반찬 교환을 한다. 한 명이 반찬 하나를 여섯 통에 나눠 들고 와서 반찬 나눔을 하면 결과적으로 한 사람이 여섯 개의 반찬을 집으로 가져가게 된다. 각자 한 가지 반찬만 만들어서 여섯 가지 반찬을 맛볼 수 있는 것이다.

한 사람당 하나의 반찬만 만드는 것은 '생산량의 증가에 따라 단위당 생산비가 감소하는' 규모의 경제 효과를 불러온다. 규모의 경제에 나눔이 더해지는 이 모임이 엄청난 시너지 효과를 내는 것을 봤다. 아내는 반찬 한 가지만 만드는 수월함을, 온 가족은 여섯 가지 다채로운 반찬을 맛볼 수 있는 풍족함을 얻을 수 있었다.

마음이 특히 잘 맞는 이웃도 만날 수 있었다. 왕래가 잦아지고 함께 식사할 기회가 늘면서 자연스레 아이들 교육도 됐다. 우리 가족끼리만 먹을 때는 몰랐던 식사 예절을 배울 수 있었고, 오가는 대화 속 아이들의 식견도 넓어졌다. 아이들이 서로의 집을 방문해 함께 장난감을 가지고 놀 수 있고, 무엇보다 주거 공간에서 함께 뒹굴고 노는 것이 꽤 큰 긍정적 효과를 불러왔다. 우리 어린 시절, 또래 집에 놀러가 신나게 뒹굴었던 기억이 있지 않나. 서울생활에서는 불가능하다 생각했던 일들이 이뤄지는 걸 봤다.

서로 지척에 사는 우리들이다. 아파트야말로 가장 쉽게 맘 맞는 이웃을 만날 수 있다는 걸 알게 됐다. 먼저 마음의 문을 연다면 말이다.

아파트 단지에서
마음 맞는 집들이 모여 모임을 만들었다.
반찬 교환을 하며
교류하는 일이 잦아지면서,
자연스레 아이들 키우는 데도 도움이 됐다.
아이들은 다른 가족과 함께하며
식사 예절을 배우고,
오가는 대화 속에 식견도 넓어졌다.
서로의 집을 방문해 함께
장난감을 가지고 놀며 뒹굴었다.
아파트에 대한 우리 부부의
선입견도 사라졌다.

에어컨 없이 살아보기

관악산을 끼고 있는 지금 아파트로 이사를 결정하기 전, 아파트 주변을 탐색해봤다. 살 공간도 중요하지만, 주변 환경도 점검해야 한다. 아파트를 배회하며 분위기를 살폈다.

그러면서 에어컨을 설치한 집이 생각보다 적다는 것에 놀랐다. 아파트 베란다가 보이는 바깥에서 봤을 때 에어컨 환풍기를 설치한 집이 절반 정도밖에 보이지 않았다. 두 집당 한 집은 에어컨 없이 살고 있었던 것이다. 직접 살아보기 전이었지만, 산 공기의 위력을 실감할 수 있었다. 요즘처럼 도심 온도가 높은 상황에서 한여름을 에어컨 없이 나는 아파트가 있다는 사실이 흥미로웠다.

아파트 경비원 아저씨께 물었더니 "한여름에는 낮에 좀 덥지만, 저녁이 되면 산에서 선선한 바람이 불어 견딜 만하다"는 것이었다. 이사를 결정하면서 우리 집 역시 에어컨 없이 사는 대열에 동참하기로 했다. 선풍기만으로 살아보기로 했다.

이 동네에 살기 전에는 생각도 할 수 없었던 일이다. 한여름 한철에만 사용하더라도 에어컨이 필요했고, 그걸 당연하게 받아들였었다. 특히 반지하 집에 살 땐 한여름 열기에 숨이 턱턱 막히는 경험도 했다. 바람은 고사하고 공기 순환조차 잘 되지 않았다. 푹푹 찌는 무더위를 에어컨 없이 보내다가는 반지하에서 사고가 날 수도 있을 정도였다.

이곳에서는 달랐다. 한여름을 선풍기로만 보냈는데 살 만했다. 물론 에어컨이 있었다면 더 윤택했을 수 있다. 특히 한여름에 집으로 손님을 초청하는 것이 덜 고민스러웠을 것이다. 푹푹 찌는 한낮에 손님이 집에 놀러 와서 현관에 들어서며 느낄 수 있는 청량감은 사실 에어컨 없이는 힘들다. 하지만 집에 온 손님들이 에어컨이 없다는 사실에 신기해했고, 산 주변에 사는 것의 장점을 소개할 좋은 기회가 됐다.

우리 몸은 적응에 최적화돼 있다. 극한 환경을 제외하고 웬만한 변화에는 길들게 돼 있는 게 섭리에 따른 우리 몸의 신비다. 에어컨이 없는 집이라는 것을 몸이 깨닫고 거기에 맞춰 적응하는 걸 느꼈다.

몸의 적응력, 피부에서도 마찬가지 경험을 했다. 화장품을 굳이 쓰지 않아도 피부가 적응한다는 말을 어디선가 주워듣고 2016년 봄부터 한번 시도해봤다. 평소 피부가 건조했던 탓에 스킨이나 로션을 바르지 않으면 당연히 안 된다고 생각했던 터라 처음엔 좀 무모하다 싶었다. 한 번만 로션을 바르지 않아도 금세 메마른 피부의 거칠거칠함이 느껴질 정도였으니 말이다. 그래도 한번 도전해보기로 했다. 처음 한두 달은 좀 불편했다. 하지만 서서히 피부가 적응하는 게 보였다. 결국 스킨 · 로션 없이도 겨울까지 별 탈 없이 날 수 있었다. 겨울만 되면 자주 부르트는 입술 때문에 립밤을 달고 다녔었는데 신기하게도 스킨 · 로션을 바르지 않은 뒤에는 겨울에도 입술이 한 번도 트지 않는 걸 경험했다. 겨울이면 주머니에 늘 넣고 다녔던 립밤과 작별했다.

어른도 이 정도인데 어른보다 변화에 민감한 아이들의 적응력은 두말할 것도 없다고 생각한다. 주변 환경을 자꾸 어른인 부모의 기준으로만 생각하는 것이 문제다. '한여름이 되면 아이들이 더워서 견디기 힘들 거야' '아이들을 위해서라도 에어컨이 필요해' 이런 생각은 부모의 잣대, 선입견이 아닐까. 아프리카에 사는 아이들이 어렸을 때 더위를 겪으며 '도저히 못 살겠다'고 하지는 않을 것이다. 물론 에어컨을 트는 어린이집과 유치원, 키즈 카페 등에 길든 요즘의 도심 아이들을 아프리카에 거주하는 아이들과 비교하는 것은 무리다. 하지만 직장에 출근하는 어른과 달리 24시간 중 상당한 시간을 집에서 보내는 아이들은 집 환경이 핵심이다.

에어컨 없이 여름을 날 수 있었던 건 산바람의 위력 덕분이었는지 시 보는다. 하지만 산바람이라는 강력한 무기가 없는 경우라도 베란다에 나가 수조에 냉수를 채워 발을 담가가며 더위를 이겨내는 가정을 본 적이 있다.

찜통더위에도 집에서 에어컨 없이 유년기와 청소년기를 보낸 아이와 그렇지 않은 아이가 자랐을 때 누가 더 환경 변화에 강인한 적응력을 가질 수 있을까. 부모의 기준이 아닌 아이들의 적응력과 면역력 향상을 기준으로 주거 환경을 구성해보면 어떨까.

TV 없이 살아보기,
TV 두고 살아보기

주거 공간을 꾸밀 때 옷장만큼 당연히 집에 들여놓아야 한다고 여기는 게 TV다. 마치 필수 가구처럼 TV가 없는 집을 쉽게 찾기 어렵다. 결혼하면서 누구나 그렇듯 TV를 샀다. TV는 가구의 일부니까. 침대와 옷장을 사듯 자연스러웠다. 기왕 살 거면 큰 TV를 사고 싶었다. 백수 시절 TV 없이 살면서 DMB나 영상이 끊기는 노트북을 이용해 드라마를 시청하다 보니 브라운관이 큰 TV에 대한 로망이 생겼다. 집에 어울리지 않게 큰 TV를 들여다놓는 허세를 한번 부려봤다.

하지만 막상 살아보니 굳이 TV를 집에 두지 않아도 되겠다는 생각이 들었다. 결혼하고 나서는 가끔 보던 드라마도 보지 않았다. 대화할 사람이 생겼기 때문이다. 혼자 있을 때 외로움을 달래려 보던 드라마가 별 필요 없게 됐다. 누군가와 동거한다는 것, 마음이 통하는 이야기할 상대가 생겼다는 것의 의미는 이처럼 크다. TV는 있어도 그만, 없어도 그만인 존재가 됐다. 덩치가 큰 녀석이 꼴사납게 방만 차지하는 모양새가 됐다.

아이가 태어나서는 TV를 없애야겠다는 쪽으로 마음이 확실히 기울었다. 아이를 TV에 노출하기보다 책이 꽂혀 있는 조용한 환경에서 키워야 한다는 막연한 의무감은 아이를 낳아본 부모라면 누구나 느끼게 마련이다. TV를 없앴다. TV가 때때로 필요할 때가 있지만 아쉬운 대로 컴퓨터로 인터넷 중계를 보면 됐다.

TV가 없어 불편했던 걸 꼽으라고 하면 딱 하나 정도가 있었다. 국가 대항전 축구 경기. 한일전같이 뜨거운 경기를 컴퓨터로 초집중하면서 시청하는데, TV 방송 중계보다 인터넷이 몇 초 느린 게 문제였다. 한국 공격수가 골문으로 진입하는 상황에서 컴퓨터 화면에 득점 장면이 나오기도 전에, 동네에서 '와!!' 하는 환호성이 들렸다. 다가구주택은 이처럼 옆집의 소리가 그대로 전달되는 정겨운 공간이다. '아, 골이 들어갔구나', 김이 확 새는 순간이다. 환호성이 난 지 3~4초쯤 뒤면 그제야 노트북으로 골이 들어가는 장면을 볼 수 있었다. 그래도 국가 대항 경기는 몇 달에 한 번이다. 이 정도만 감수한다면 TV 없이 사는 건 별 불편함이 없었다.

아이가 점점 자라면서 기다가 앉다가 엉거주춤 걸을 정도가 되면서 영상이라는 존재를 접하게 됐다. 식당에 가면 나오는 TV 화면에 아이가 집중하기 시작했다. 또래 아이들이 점차 TV 만화를 즐기는 나이가 됐는데, 집에서 아이에겐 아무것도 보여주지 않는 게 미안했다. 영상에 노출되는 환경을 완전히 차단할 수 없는 현대 사회에서 어느 정도 적정선을 유지하면서 TV를 보여주는 것도 나쁘지 않겠다는 생각을 하게 됐다.

그런 고민을 하던 찰나, 한 번씩 서울로 올라오는 어머니가 우리 집에만 오면 심심해하시는 모습을 보게 됐다. 고향 집에서 늘 TV와 벗하며 살다가 서울 아들놈 집에만 오면 볼 수 없으니 금단 현상이 오죽하셨겠나. 며칠 아들 집에 머무는 날이면 어머니는 평소 즐겨 보던 온갖 드라마와 애청 프로그램을 본의 아니게 끊어야 했다.

결국, 이런저런 이유로 TV를 다시 샀다. 없던 TV가 생기니 아이들도 신났다. 단, 아이들과 원칙을 정했다. 하루 시청 시간에 제한을 뒀다. 다섯 살, 세 살일 무렵에는 하루 한 편 10분 내외로 보여줬다. 아이들도 더 보여 달라고 조를 법하지만, 처음부터 원칙을 정하고 TV 시청을 시작하니 순순히 받아들였다. 그래도 아이들인지라 가끔 조르는 것은 어쩔 수 없었다. 더 보고 싶은 건 내일 다시 보자고 타일렀다. 습관이 자리 잡혀갔다. 여섯 살, 네 살이 돼서는 하루 2편, 20분 내외로 보여줬다. 그 원칙은 지금까지 잘 지켜지고 있다.

주거 공간을 꾸밀 때 TV를 어디에 놓느냐만큼 어떻게 활용하느냐의 원칙도 중요하다. 원칙을 지키는 데에는 부모의 각오가 필요하다. TV를 보고 싶어도 아이들이 깨어 있는 시간에는 되도록이면 참았다. '엄마 아빠는 TV를 맘대로 보면서 왜 우리는 조금밖에 보여주지 않지'라고 의문을 갖는다면 원칙을 쉽게 지킬 수 없다.

원칙은 아이들뿐 아니라 우리 부부에게도 있었다. 'TV를 육아의 회피 수단으로 이용하지 않는다'는 것. 육아는 고되고 지친다. 이럴 때 TV라는 존재는 마법과도 같다. 영상의 힘이다. TV든 핸드폰이든 틀어놓으면 아이들의 온 정신이 집중된다. 그 사이 부모는 적절한 휴식을 취하든, 미뤄둔 일을 하든 자유 시간을 즐길 수 있다. 달콤한 유혹에 빠져들기 시작하면 원칙은 자연스레 무너진다. 편한 육아를 할 것인지 어려운 육아를 할 것인지 정해야 한다.

식당이나 지하철, 카페와 같은 공공장소에서 아이들에게 핸드폰을 쥐여주는 모습을 흔히 목격한다. 부모는 한결 여유로워 보인다. 그런 모습을 볼 때 종종 흔들린다. 우리만 괜히 유난을 떠는 것처럼 느껴지기도 한다. 하지만 차별화된 주거 공간을 선택한 이상 다소 미련해 보일지라도 이 원칙만큼은 오랫동안 지키고 싶다.

거실에서 TV를 틀어놓고 아이들이 시도 때도 없이 TV를 시청하는 모습은 내 집에서만큼은 연출하고 싶지 않다.

홈 CCTV와 아이들 인권

히가시노 게이고가 1985년 『방과 후』를 발표했을 당시에 CCTV가 상용화돼 있었다면 이 소설은 탄생하기 어려웠을 것이다. 굳이 복잡한 추리를 사용해 범인을 찾을 필요 없이 CCTV를 돌려보면 됐을 테니 말이다. 거리와 골목 곳곳에 설치된 CCTV, 편리함과 안정성을 이유로 언제부터인가 우리의 주거 일상으로까지 들어왔다. 홈 CCTV가 출시되더니 아이를 안전하게 키우고 싶어 하는 부모의 마음을 파고들면서 너도나도 주거 공간 내부에 CCTV를 설치하고 있다.

우리도 예외가 아니다. 아이 둘을 키우다 보니, 아이 한 명을 데리고 짧게 외출해야 할 때가 있다. 아이들이 낮잠을 자는 시간이 불규칙하기 때문에 한 아이가 잠들고 나서 다른 아이를 데리고 가까이 동네 마트에 나갈 일이 생긴다. 동생이 낮잠을 자는 것을 첫째 아이가 잘 이해하지 못하고 놀이터에 가자고 떼를 쓸 때도 더러 있다.

그럴 때 CCTV가 유용하게 쓰일 것 같았다. 아이가 깨지는 않았는지 확인하면서 언제라도 재빨리 달려가려면 홈 CCTV가 필요했다. 마침 텔레콤 업체에서 전화가 왔다. 무작위로 거는 전화였겠지만 평소 필요를 느끼던 우리 부부에게 적중했다.

홈 CCTV를 설치하니 생각보다 유용했다. 두 녀석을 모두 재워 놓고 집 앞 치킨집에서 짧게 부부 데이트를 즐기는 데에도 이용됐다. 아이들이 네 살, 두 살 때였다.

문제는 편리함 이면에 있었다. 아이들이 어릴 때는 안전 문제 등의 용도를 고려해 불가피한 측면이 있다 치더라도, 과연 몇 살 때까지 CCTV를 설치할 것이냐의 문제에 봉착했다. 우리 사회 곳곳에서 발생하는 CCTV 문제. 인권침해의 범위가 어디까지인지는 늘 논란이 되고 있고 아이들이라고 예외일 수 없다. 가게 사장이 아르바이트생을 불신해서 CCTV를 이용해 가게를 보는 것, 앞집에서 방범을 위해 골목 방향으로 CCTV를 달았을 때 오가는 내 모습이 노출될 수 있다. 마음만 먹으면 엘리베이터 대화도 들을 수 있는 CCTV, 성매매 집장촌 중앙의 CCTV, 어린이집 내부 CCTV, 도난방지 용도가 아닌 근로자를 감독하는 CCTV 등 논란이 되는 지점은 한두 가지가 아니다. CCTV 문제에 이토록 민감하면서 홈 CCTV를 설치할 때에만 유독 아이들의 인권에 부모가 둔감한 것은 아닐까.

인격권 침해 나이는 과연 언제부터일까. 아이들이 인지하지 못하는 갓난아기 때에도 홈 CCTV를 설치하는 것은 인격권을 침해하는 행위일까.

인격권 침해 나이가 어느 선까지인지의 고민은 마치 몇 년 전 사회적 논란거리가 됐던 '남자아이 여성 목욕탕 출입 제한 연령' 논쟁을 연상시킨다. 2014년 개정된 공중위생관리법 시행규칙에서는 목욕실 및 탈의실은 만 5세 이상 남녀를 함께 입장시켜서는 안 된다고 규정했다. 이를 놓고 출입 연령을 더 낮춰야 한다는 의견과 다섯 살이 뭘 아느냐는 의견이 맞선 적이 있었다.

홈 CCTV도 그렇지 않을까. '아이들이 무슨 인권이냐'는 말을 하는 사람이 있다. 그러나 하루하루 자라나는 아이들과 대화를 나누다 보면 그렇게 간단치 않다는 걸 알게 될 것이다. 아이들이 말을 하게 되고, 본인의 의사를 표시하기 시작하면서 아이를 마냥 어리다고만 봤던 내 생각이 잘못됐다는 것을 알게 됐다. 아이들이 본인의 의사를 명확히 표현하는 방법을 몰라서 그렇지 태어나는 순간부터 확실한 인격체였던 것이다.

모르는 것 같아도 다 알고 있었다. 엄마 아빠의 표정 변화를 읽는 눈치도 생긴다. 자기가 존중받아야 할 존재라는 사실은 더더욱 확실히 알고 있다. 태어나서 엄마 아빠와 정서적 교감을 나누는 그 순간부터 부모는 아이의 권리를 존중해야 할 의무가 있다.

아이의 인권과 부모의 편리함이 충돌하는 순간, 해법을 어디서 찾아야 하나. 우선 불가피하게 홈 CCTV를 설치하더라도 몰래카메라가 되지 않도록 해야 한다. 아이들이 무엇인가를 인지할 수 있는 나이가 되면 CCTV의 존재를 성실히 설명해줘야 한다. 이걸 켜놓고 나가는 이유에 대해서도 설명해야 한다.

불가피할 때에만 사용해야 한다. 또 불가피한 나이까지만 사용해야 한다. 아이가 자다 일어나서 엄마 아빠가 없을 때, 혼자서 엄마 아빠에게 전화를 걸 수 있는 나이가 되면 사용을 중지하는 것이 맞다. 우리 집은 홈 CCTV를 들여놓고 나서 1년이 채 되지 않아서 설치 계약을 해지하면서 자연스레 정리했다.

아이들이 전화기 다이얼을 누를 수 있는 나이가 되면서 집 전화기를 설치했다. 전화기 옆에는 엄마(010-○○○○-○○○○), 아빠(010-○○○○-○○○○), 할머니(010-○○○○-○○○○), 외할머니(010-○○○○-○○○○)를 프린트해놓고 언제든 다이얼을 누를 수 있게 했다. 만약을 대비해 설치했는데 손주로부터 직접 전화를 받는 양가 할머니들이 제일 좋아한다.

부모와 자녀의 책장, 도서관과의 거리

서울이든 시골이든 장소와 관계없이 아이를 키우면서 욕심이 나는 부분이 있다. 책장이다. 이 책장이 아비와 아들의 연결고리가 될 거라는 생각을 한 건 얼마 전 SNS에서 아들과 매년 상반신 사진을 찍는 부자가 소개된 것을 보고 나서다. 아들이 갓난아기 때부터 같은 포즈로 사진을 찍는 모습이 신선하면서도, 해마다 그 사진이 쌓이면 추억일 뿐 아니라 세월의 흔적을 돌아볼 수 있는 중요한 자산이 되겠구나 하는 생각이 들었다.

부모와 자녀의 과거와 현재를 이어주는 소중한 연결고리에 대해 생각하게 됐다. 너와 나의 연결고리가 잘 이어져 나가야 한다. 자녀와 함께하는 일상의 시간을 기록해나갈 연결고리는 없을까 생각하던 찰나 책장이 눈에 띄었다. 아이의 책장, 이제 몇 살 되지 않았는데 해마다 내용물이 바뀐다. 책들의 수준을 따질 정도는 아니지만 어쨌든 점점 업그레이드되고 있다. 신생아 때 눈의 초점을 맞추는 단순무늬 책으로 시작해, 점점 글씨가 있는 책들이 책장에 꽂히고 있다.

굵직굵직했던 활자의 크기가 점점 작아진다. 그림이 많은 비중을 차지하다가 글이 점차 늘어난다.

내 책장도 마찬가지다. 수준은 비슷비슷하지만, 관심을 두는 분야 위주로 책이 바뀐다. 역사에 관심을 두면 역사책이 많아지다가 문학이 대세를 이루면 그쪽 분야의 책이 다수를 차지한다. 만화책은 주로 만화방에서 해결하니 집 책장에는 잘 꽂히지 않는 편이다.

10년 혹은 20년 후가 되면 아들과 내가 보는 책이 비슷해져서 서로 수렴하는 시기가 오지 않을까. 아이의 책장에 점차 내가 보는 책들이 늘어나면서 부모와 자식 책장을 구분하기 어려운 때가 올 것이다. 그래서 매년 가을, 추석 직전에 아이와 내 책장을 한번 찍어보기로 했다. 매년 어떤 책이 사진에 담길지 기대해본다. 내 아들이 자라면서 몸이 성장할 뿐 아니라 세상을 보는 시야도 넓어지길 바라는 마음이다.

아이가 세상을 보는 눈이 넓어지고, 세상에 부딪히면서 때때로 벽을 만날 때 책장에 꽂힌 책에서 얻은 지혜를 잘 활용하길 바란다.

책장에 어떤 책이 있는지와 상관없이 도서관이 가까이 있다는 것은 중요하다. 도서관이 가까우면 주거의 반경이 그만큼 넓어진다. 우리 집에서 도서관은 2분 정도 거리, 지척에 있다. 아이들도 아이들이지만 부모도 좋은 점이 한둘이 아니다.

책을 소유하고 싶은 욕구가 강해 중고로 무지막지하게 책을 들일 때가 있었다. 책이 쌓였다. 책꽂이는 이중주차 삼중주차, 주차장을 이탈한 책들도 상당했다. 아내가 더 이상 책을 주문하지 말라고 경고할 정도였다. 그렇게 책이 쌓이고 쌓여 처치 곤란할 때쯤 지금의 집으로 이사했다. 도서관이 바로 아파트 앞에 있었다.

책보다 도서관을 소유하기로 마음먹었다. 도서관이 내 집의 일부가 됐다. 책을 보고, 책을 빌리고 다시 보고 싶으면 책을 반납하고 또 빌리고, 도서관에서 책을 보고, 집에서 보고, 반납하고 대여하고, 도서관 열람실에서 보고 도서관 카페에서 보고. 책을 집에서 소유했을 땐 기껏해야 몇 백 권이었지만 도서관을 소유하니 책의 권수를 셈하기도 어렵다.

아이들도 도서관을 좋아한다. 굳이 도서관을 가자고 재촉하지 않아도 주말이면 아이들이 가고자 하는 여러 선택지 속에 도서관이 자동으로 포함된다. 놀이터에서 놀던 아이들이 먼저 도서관을 가자고 한다. 어린이 자료실도 있고, 유아용 공간도 따로 있다. 책을 보고 놀던 아이들이 몇 권을 고른다. 빌려 갈 책을 선택하는 것이다. 자연스레 대출을 받고 집에서 보다가 다시 반납하고, 이런 작업이 계속되다 보면 아이들의 생활 반경에는 집뿐 아니라 도서관이 포함된다. 주거 공간이 넓어지는 것이다.

주거의 의미가 집 내부 구조에만 국한하는 것이 아니라 갈수록 생활 반경으로 확대되고 있다. 집을 구할 때 집 자체도 중요하지만 주변에 도서관, 학교, 공원, 녹지, 편의시설 등을 따지게 된다.

요즘 들어서야 지자체마다 도서관을 소규모 형태로라도 늘리는 추세다. 주거 활동 반경에서 책을 접할 기회를 늘릴 수 있다는 점에서 환영할 만한 일이다. 주거지를 선택할 때 다른 고려사항보다 도서관의 위치를 먼저 파악해볼 것을 권한다.

운 좋게도 이사한 곳이
도서관 근처다.
집에 책이 쌓이고 쌓여
처치 곤란한 때였다.
이사 후, 책보다는 도서관을
소유하기로 마음먹었다.
아이들도 도서관을 좋아한다.
주말이 되면 도서관의 어린이 자료실,
유아용 공간, 일반 자료실을 오가며
보내는 시간이 늘어간다.
자연스레 아이들의 생활 반경에는
집뿐 아니라 도서관까지 포함된다
주거 공간이 넓어지는 것이다.

언젠가 도서관 대출 목록 역시 아비와 아이들의 수준이 비슷해질 날이 올 것이다. 아이가 내가 보는 책을 함께 보며 그 책에 관해 이야기할 날이 올 거라는 건 생각만 해도 설레는 일이다.

육아에 특화된 주거 공간이란?

주거에 대한 고민은 단순히 더 좋은 집, 더 비싼 집에서 살거나 좀 더 편리한 환경에서 살고자 하는 데 그치지 않는다. 같은 집이라도 가치를 담은 공간으로 만드는 방법을 고민하게 된다. 특히 아이를 키우다 보면 인위적인 환경에서 벗어나 자연에 가깝고 창의적 생각을 할 수 있는 공간에 대한 고민이 생긴다.

알랭 드 보통은 『행복의 건축』(정영목 옮김, 청미래, 2011)에서 "가장 고귀한 건축이 때로는 낮잠이나 아스피린만큼의 역할도 하지 못할 수 있다"고 말했다. 건축물, 주거 형태 자체가 행복을 가져다주는 것이 아니라 그 안에 담긴 주거 철학이 더 중요할 수 있다.

철학이 있는 집과 주변 환경을 고민하게 된다. 그 철학은 육아 절정기를 살고 있는 30대의 우리 부부에게는 아이들에게 초점이 맞춰져 있다. 아이들이 맘껏 모래밭에서 뒹굴고 흙을 만지며 놀게 해주고 싶다. 사회 상규를 위반하지 않는 범위라면 적극적으로 그 본성을 추구하도록 도와줄 필요가 있다. 서울에 살면서도 그나마 자연과 가까운 곳을 찾아 이사해야 하는 강력한 이유 중 하나다.

아이들이 걷기도 전, 놀이터 모래밭에서 흙을 마구 움켜쥐고 노는 것을 보면 아이의 본성이 뭘 추구하는지 잘 알 수 있다. 부드럽고 때로는 거칠거칠한 흙의 감촉이 아이의 오감을 자극한다. 움켜쥐는 대로 변형이 일어나는 흙은 놀잇감으로 제격이다. 특히 남자아이는 장난감 트럭이나 포크레인 하나만 있으면 흙으로 뭐든 할 수 있다.

아이들이 흙을 접할 수 있도록 하는 제일 좋은 방법은 산으로 가는 것이다. 요즘 놀이터도 대부분 모래나 흙으로 된 곳보다 우레탄을 깐 곳이 많기 때문에 아이와 흙의 접촉점이 갈수록 줄어드는 상황이다. 산에서 하는 흙 놀이는 많은 준비물이 필요치 않다는 장점이 있다. 주변에 널브러진 나뭇가지를 이용해 땅파기만 해도 놀이로는 그만이다. 낡은 반찬 통이나 꽃삽을 준비해 간다면 흙 퍼담기를 하면서 놀 수 있다. 산에 올라가서는 솔잎 쌓기, 솔방울 숨기기 등 자연환경이 주는 선물을 자유자재로 즐길 수 있다.

이런 유용한 흙 놀이를 자주 하기 위해 우리는 산 주변으로 이사하는 방법을 택했다. 이사하고 나서 주말을 맞는 일에 부담이 줄어들었다. 밥 먹고 바람 쐬며 나서는 산책길이 주말 나들이가 된다. 계절이 바뀔 때마다 형형색색 옷을 갈아입는 꽃과 식물을 마주할 수 있다. 자연에서 놀다 보면 아이의 발산이 집에서와 확실히 다르다. 자연은 놀이를 자연스럽게 만드는 힘이 있다.

"아빠, 저기 있는 나무까지 누가 먼저 도착하나 달리기 시합 해보자."

"누가 먼저 흙으로 돌을 덮는지 해보자."

작대기 멀리 던지기 놀이도 있다. 놀이 종류는 이처럼 자연의 넓이와 깊이만큼 무궁무진하다. 몇 번 반복하면서 발산하다 보면 땀이 흥건하다. 몸으로 놀기를 좋아하는 첫째 아들에게는 특히나 최적화된 놀이 공간이 된다.

산 중턱 어딘가에 다다랐을 때, 엄마가 싸준 식혜와 김밥을 먹는다. 산에 올라 서울 하늘을 내려다보며 아이와 함께 먹는 그 맛이란. 엄마 몰래 챙겨간 과자 몇 조각은 덤이다.

또 집에서 아이 유치원까지 이어지는 10분 정도의 산책길이 있다. 우리 가족은 이 산길을 '개나리길'이라고 부른다. 봄에 이사해 개나리가 한창이어서 우리는 이 길을 개나리길이라고 명명했다. 아이들이 이 길을 오가며 느끼고, 생각하고 궁금해했던 일들이 한둘이 아니다. 계절마다 왜 꽃과 잎의 색이 바뀌는지, 비가 오면 풀들이 감기에나 걸리지는 않는지, 개미 떼는 왜 일렬로 이동하는지 질문 투성이다. 저 꽃은 뭘 닮았다는 둥, '니 꼬추, 내 똥꼬'라고 깔깔 웃는 아이들. 화살나무, 산수유나무, 철쭉, 밤나무, 도토리나무, 장미가시 등 제법 이름도 많이 알게 됐다.

개나리길에 어느 날엔 토끼가 한 마리 찾아왔다. 동물원이나 어린이 유원지에나 가야 볼 수 있는 토끼를 유치원 등 · 하원 길에서 만나게 된 아이들, 눈을 떼지 못한다. 하루 이틀 지나면 보이지 않을 줄 알았던 토끼가 며칠째 개나리길에서 서성인다. 우리 아이들만 신난 게 아니다. 흰털이 보송보송한 녀석의 정착을 돕고자 이웃들의 움직임도 분주해졌다.

누군가는 토끼가 머물 간이 집을 지어줬다. 새로 마련된 집 주변으로 당근과 토끼 사료가 눈에 띈다. 비가 온 다음 날 보니 토끼 집에 우산이 하나 펼쳐져 있기도 했다. '토끼가 비를 맞으면 어떻게 하나' 라는 어린아이의 동심에서 비롯된 광경이 아닐까. 둘째 아이가 말을 제법 하게 됐을 무렵, 비 오는 날 주차된 자동차를 보며 "차가 비 맞고 감기 걸리면 어떡해?"라고 했던 말이 생각났다. 동네 어린아이들은 새 친구를 반겼고, 토끼 역시 아이들과의 경계를 차츰 허물었다.

시간이 좀 더 지나 개나리길에 '토끼 소식'이 걸렸다. 토끼를 아껴주고 사랑해준 주민들에 대한 감사와 함께 토끼가 다른 친구들이 있는 곳으로 입양됐다는 내용이었다. 토끼가 골목으로 내려가게 되면 로드 킬 위험이 있고, 숲이 우거지면 토끼의 천적인 족제비가 내려오기 때문에 안전하지 않다는 이유였다. 길지 않은 시간이었지만 아이들은 개나리길에서 새 친구를 돌보는 행복한 일상을 경험할 수 있었다.

주거 투쟁이 가져온 소박한 결과물이다.

교육 유단자들 사이에서

적절한 정보는 어떤 사안을 판단할 때 도움을 주지만, 지나치게 많은 정보는 판단을 흐리기도 한다. 아이를 유치원, 어린이집에 보냈을 뿐인데도 주변에 '육아 9단' '자녀 교육 9단'이 넘쳐나는 걸 봤다. 그들 눈에는 어릴 때부터 아무것도 시키지 않고, 스포츠 · 영어 학원 따위에 보내지 않는 우리 부부가 영 못미더웠나 보다. 급기야 '아이들은 그렇게 키우면 안 된다'는 쓴소리를 하는 사람도 있다. 그러거나 말거나 우리 부부는 우리 나름의 교육관을 가지고 아이들을 키우고 있다.

문제는 초등학교, 중학교에 들어가면 얼마나 많은 '교육 유단자'를 만날 것인지에 있다. 나보다 일찍 초등학교에 자녀를 입학시킨 한 친구가 내게 건네준 말이 흥미롭다. "초등학교 1학년 때는 각오를 단단히 해야 한다고 하길래 긴장을 잔뜩 하고 있었더니 1년이 지나도록 뭘 그렇게 각오하고 있어야 하나 싶을 정도로 별일이 없네."

아마도 초등학교 입학부터 별나게 뭔가를 잔뜩 시키는 동네에서 아이들을 키웠던 부모가 이 친구에게 해준 조언이었나 보다. 그 친구도 사실 그렇게 학구열이 높지 않은 동네에서 아이들을 학교에 보냈고, 나 역시 그렇게 극성을 떨지 않는 동네에 살고 있다. 남들은 교육 때문에 일부러라도 학군이 좋은 동네로 옮긴다고 하지만 우리 부부는 좀 반대 경우다. 아이를 너무 옥죄는 동네에서 학교를 보내고 싶은 마음이 없다. 세상 물정 모르는 순진함에서 비롯된 생각일 수 있지만, 부모의 일방적인 주도를 통해 아이들을 교육시키고 싶은 마음이 아직은 들지 않는다.

자꾸 '아직은' '현재는'이라고 단서를 다는 이유는 앞으로 살면서 장담하기 쉽지 않은 주제이기에 그렇다. 1년 뒤, 5년 10년 뒤 나와 아내의 이 같은 신념이 얼마나 지켜질지 확신할 수 없다. 교육관이 언제 바뀔지 모른다. 주거관만큼이나 교육관도 바람에 나부끼는 갈대가 될 수 있다. 현상 유지만 해도 감사하다는 생각이 들다가도 전망 좋고 가슴 확 트이는 집에 살고 싶다는 욕망이 어느 순간 생기는 것처럼 교육 역시 부모로서 초연함을 지키려다가도 '누구는 어디 보냈다더라' '누구는 뭘 시킨다더라' 등 주변의 넘치는 정보를 접할 때면 불안해지는 건 어쩔 수 없다.

학군과 교육 지형을 따라 이사하는 사람들의 내면에는 어떤 심리가 작동하는 걸까. 가장 큰 것은 아마도 불안감일 것이다. '우리 아이만 정체되는 것은 아닐까' '우리 부부가 괜한 교육관으로 아이를 뒤처지게 하는 것은 아닐까' 등.

이 불안감은 사람을 가리지 않는다. 번듯한 사람도 자식 교육에서만큼은 일탈을 감행하는 모습을 볼 수 있다. 고위 공직자들의 인사청문회 때마다 단골로 등장하는 위장전입, 지적하고 지적해도 반복된다. 인사청문회는 지난 2000년 16대 국회에서 인사청문회법을 제정하면서 도입했고, 수시로 위장전입 문제가 다뤄졌다. 10년이 훌쩍 넘었으면 인사청문회 메뉴에서 사라질 법한데 별로 개선되지 않고 있다. 오히려 위장전입 정도는 이제 기본 메뉴로 깔고 특별 메뉴에 대해서만 문제 삼자는 이야기도 나온다. 범죄 행위인 음주 운전도 워낙 자주 나오니 특별 메뉴에서 빼고 기본 메뉴로 내리자는 주장까지 나오는 판이니 뭘 더 기대하겠나. 제 자식 교육을 위해 위장전입도 아랑곳하지 않는 사사로움을 지녔으면 공적 업무를 담당할 공직에는 아예 발붙일 생각을 말 일이지 왜 공과 사를 다 취하려 하는지, 똑똑하긴 똑똑한 사람들이다.

우리 부부가 교육 문제로 이사를 감행할 정도의 열정이 있다면 40 · 50대 우리 주거 형태는 교육의 상황에 따라 크게 달라질 수 있을 것이다. 집 면적을 줄이면서라도 교육 환경이 좋은 곳으로 이사하는 모험을 마다하거나, 다른 지출을 최대한 줄여 교육비에 올인 할지도 모르는 일이다.

하지만 우리 부부는 아주 엄격하게 아무것도 시키지 않는 금욕주의적 교육관을 가진 건 아니지만, 그렇다고 극성스럽게 아이를 쉬지 않고 돌리는 치맛바람 · 양복바람과도 거리가 멀다. 자식 교육에 대한 열정이 없어서라고 하긴 어렵다. 아이가 원하면 기회를 줘야 하지만, 원치 않는 것을 부모가 강요하는 것은 잘못이라고 생각하고 있기에 그렇다.

우리 아이들이 좀 더 자연친화적 환경에서 맘껏 자연과 벗하며 살게 하고 싶다. 기관이나 학원에서 가르치는 교육보다 자연이 자연스레 제공하는 교육의 힘이 더 크다고 믿는다. 자연이나 주변 환경을 보고 의문을 가지고, 질문하는 아이가 되길 바란다.

산과 인접한 집을 택해서 이사한 것도 이 때문이다. 콘크리트로 둘러쌓인 공간에서는 인간의 정서가 삭막함을 띨 수밖에 없다. 삭막함을 극복할 수 있는 대안은 역시 자연이다. 물론 언제까지고 자연이 교육의 주된 역할을 할 수는 없을 것이다. 그렇다 해도 최소한 아이들이 사춘기에 접어들기 전까진 인위적인 교육보다는 자연 속에서 폭넓은 감수성을 키우게 하고 싶다. 아이들이 좀 더 크면 또 거기 맞는 해법이 있지 않을까.

집은
영원하지
않다

노후에는 어떤 집

여러 번의 이사를 했다. 이사할 때마다 짐을 정리하고 처분하고 옮기고 풀다 보면 인생의 한 단락이 끝나고 새로운 막이 열리는 느낌이다. 이사는 인생에서 하나의 매듭을 묶는 일과 같다. 인생이라는 하나의 긴 끈에서 우리는 이사를 통해 여러 번의 매듭을 묶게 된다. 잦은 이사로 매듭과 매듭 사이의 간격이 짧을 수 있고, 한 곳에 오래 정착하다 보면 매듭 간격이 길 수도 있다. 매듭은 순간순간의 선택에 따라 모양이나 길이가 다르게 나타날 것이다.

실존주의 철학자 사르트르의 "인생은 B(Birth)와 D(Death) 사이의 C(Choice)다"라는 명언은 태어나서 죽을 때까지 만나게 되는 숱한 '선택'에 방점이 찍혀 있다. 오늘도 우리는 무언가를 선택하며 보낸다. 크든 작든 선택은 인생 좌표를 달라지게 하는 큰 힘을 가졌다. 앞으로 이사할 때 어떤 집을 선택하느냐고 묻는다면 본성에만 비춰볼 때는 좀 더 넓고 쾌적하고 비싼 집으로 향할 것만 같다. 인간의 욕망을 의연하게 제어할 만한 능력이 나에게 많지 않기에 하나를 소유하면 더 큰 욕망이 생기는 건 어쩔 수 없다. 청렴결백을 생활신조로 삼았던 조상의 모습이 그리 멋스러워 보이지도 않기에 더욱 그렇다.

그러나 노후가 돼서 내 욕망의 견제 역할을 해줄 한 가지는 D(죽음)라는 생각이 든다. 사르트르가 말한 출생(B) · 선택(C) · 죽음(D)

중 여느 청춘들처럼 C에 가장 관심을 뒀지만, 점차 D에 예사롭지 않게 눈길이 간다.

B가 명확히 날짜를 특정할 수 있는 반면 D가 언제 올 것인지는 불명확하다. 인간은 인생의 시한이 언제인지 보지 못하는 맹인과 같으면서도 언젠가 D가 닥칠 줄도 모르고 잘난 척, 있는 척, 강한 척은 있는 대로 다한다. 나 또한 척척척 하다가도 문득 D를 생각할 때면 남겨두고 갈 것들이 다시 보이게 된다. 나이가 들수록 욕망이 커지면서도 그만큼 D가 한 걸음 더 다가오기에 욕망이 고개를 쉽게 들지 못하는 것은 아닐까.

노년에 D에 다가갈수록 맞이하게 되는 상황 변화도 욕망을 제어하는 데 한몫할 것이다. 아이들이 성장해 곁을 떠나게 될 날이 온다. 부부 둘, 혹은 혼자 쓸쓸히 남았을 때 넓고 화려한 공간은 괜한 짐이 될 것만 같다. 텅 빈 넓은 방을 보고 있자면 떠난 이의 빈자리가 더 크게 느껴지지 않겠는가.

『작은 집을 예찬한다』(도미니크 로로 지음, 배형은 옮김, 바다출판사, 2016)에서 저자는 생활 형편이 좋아졌다고 해서 이사 이유를 무조건 더 큰 집, 더 비싼 주거 공간을 찾아 이동하는 것만이 정답이 아니라고 말한다. 도미니크 로로는 "주거 형태는 인생의 여러 시기와 단계에 따라 달라진다. 집은 누군가가 그 집에 어울리는 삶을 바라고, 그런 삶을 살 수 있을 때만 의미를 지닌다"고 했다.

치열했던 주거 투쟁의 역사와 그 결과물로 현재를 산다고 해서 미래의 주거 형태가 반드시 발전적 형태로만 가라는 법은 없다. 주거를 단순히 업그레이드 관점, 돈벌이의 시각에서만 바라보지 말아야겠다. 평수를 넓혀가고, 돈 좀 번다고 비싼 곳으로 가는 것만이 정답은 아니다. 그때그때, 나와 우리 가족에게 가장 의미 있는 주거 형태가 답이다.

돈이나 외형이 아닌 인생의 시기와 단계에 가장 걸맞은 형태에서 이사 이유와 의미를 찾는다면, 주거 형태를 욕망의 공식으로만 생각할 때와는 달라질 것이다. D가 코앞에 찾아온 줄도 모른 채 여전히 욕망을 제어하지 못하고 주거 면적을 늘려가는 데만 혈안이 된 선택을 하는 어리석음을 범하고 싶지는 않다.

그런 점에서 본다면 노년에는 왠지 미니멀라이프를 선택하게 될 것 같다. 요즘 젊은 층이 열광하는 미니멀라이프와는 성격이 다르다. 젊은 층의 주거 미니멀라이프가 '단순한 삶을 통해 만족을 느끼는 것'이라면 내가 언젠가는 맞이하게 될 노년의 그것은 'D에 좀 더 가까워진 내 삶에서 욕망을 가지런히 정리하고 떠난 이의 빈자리를 느끼지 않을 정도로 꼭 필요한 공간만 남겨두는 수준'이 되지 않을까.

그때 내 주거 공간에 필요한 것은 뭐가 있을까. 의식주를 위한 기본 가재도구 외에 펜과 노트, 수십 년을 사용해 누렇게 변한 책상 위에 놓인 노트북, 커피를 내려 먹을 수 있는 간단한 도구들.

생의 끝자락에서 무덤 혹은 화장으로 가는 마지막 이사까지 나는 몇 번의 매듭을 더 묶으며 살아갈 것인가. 부디 본성보다 본질이 깃든 매듭이 묶이기를.

사라진 집을 추억하다

"오늘은 잊고 지내던 친구에게서 전화가 왔네. 내일이면 멀리 떠나간다고. 어릴 적 함께 뛰놀던 골목길에서 만나자 하네. 내일이면 아주 멀리 간다고. 덜컹거리는 전철을 타고 찾아가는 그 길, 우리는 얼마나 많은 것을 잊고 살아가는지."

1988년 발매된 동물원 2집에 수록된 〈혜화동〉은 여러 가수가 리메이크해서 30년 가까이 지난 지금도 불리는 노래다. 몇 해 전 인기를 끌었던 드라마 〈응답하라 1988〉에서도 이 노래의 리메이크 버전이 흘러나왔고, 마지막 장면에는 동네 골목길을 재개발하는 장면이 스쳐 지나간다. 영원히 우정을 나눌 것만 같았던 드라마 속 친구들이 재개발로 그렇게 흩어져 갔다. 골목길 추억이 사라졌다.

재개발이 남의 일이 아니었다. 처가가 몇 해 전 재개발되면서 다른 집을 구해 이사했다. 아내가 어릴 때부터 살던 추억과 온기가 스민 집이었다. 나와의 추억도 간직한 곳이다. 결혼을 앞두고 처음 인사드리러 가던 날, 적잖은 긴장과 설렘으로 방문했던 그날의 기억들. 밥이 입으로 들어가는지 코로 들어가는지, 장인어른 될 분의 질문에 내가 뭔가 말을 하면서도 무슨 소리를 하는지 몰랐던 좌불안석의 기억, 자주는 못 가더라도 1년에 몇 번 찾아뵐 때마다 사위 온다고 맛난 요리에 고봉밥 밥상을 차리시는 장모님. 처가가 편해질 때쯤 우리 가족은 부부에서 세 명, 다시 네 명으로 늘어났다. 아이들은 모든 것을 받아주는 외할아버지, 외할머니 집에서 봉인을 해제하며 평소 맛보지 못하는 군것질도 하는 호사를 누렸다.

재개발되기 전 마지막으로 내려갔을 때 처가의 집 앞 골목을 기억하고자 카메라로 몇 장 담았다. 이미 뒷집과 골목 첫째 집은 이사를 한 상태, 동네에 몇 집이 남지 않아 약간은 황량함이 감돌았다. 아이들이 크면 아마도 이 집을 기억하지 못할 것이다.

재개발은 내가 유년 시절을 보냈던 동네도 마찬가지다. 골목의 추억이 서린 곳이었다. 낮이면 약속이나 한 듯 아이들이 모여 구슬치기, 딱지치기, 숨바꼭질, 벽돌치기를 했던 골목. 요즘도 고향에 내려가면 한 번씩 그곳을 지나갈 때가 있다. 고만고만한 주택이 모여 있던 그 동네는 도로를 확장해 예전의 운치는 찾아볼 수 없었다. 바리깡으로 머리 앞둘레만 횡단으로 밀어버린 것처럼 부자연스럽게 동네는 확장한 도로를 따라 어색한 단면을 드러내고 있었다. 집들이 지어졌다 부서졌다를 반복했는지 예전 살던 그 집을 제대로 찾기 어려웠다.

기억이 가물가물하지만 내 오른쪽 종아리에 난 흉터는 그 집의 옛 모습을 기억하고 있다. 내가 걷지도 못할 때 우리 집은 골목의 한 귀퉁이 단칸방에 살았다고 한다. 어머니는 어린 나를 포대기에 맨 채 빨래를 하던 중 내 울음소리와 함께 흥건하게 나오는 피를 보게 됐다. 우리 집 문은 위아래 두 개의 경첩으로 지탱하며 여닫는 철제문이었는데 빨래하는 사이 문이 바람에 슬며시 열렸고, 포대기 사이로 맨살을 드러낸 내 종아리가 문 모서리의 날카로운 철제 부분에 베였다고 한다. 지금은 예전의 모습을 잃어버린 동네에서 떠올릴 수 없는 유년의 내 집을, 종아리에 난 흉터 덕분에 추억한다.

집은 시간이 지나면서 잊히는 존재다. 집에 대해 많은 이야길 떠들면서 마치 집이 영원할 것처럼 의미를 부여하고 있지는 않았나. 수십 년, 수백 년 이어져 내려가는 집이 있겠지만, 어쨌든 언젠가는 허물어지는 소모품이다. 온갖 곳에서 '부동산 부동산, 내 집 마련 내 집 마련, 집값 집값' 한다. 집 대하기를 영원할 것처럼 떠받들듯 하지는 않는가. 우리 생활에 집이 중요한 비중을 차지하는 걸 부인할 수는 없더라도 집을 대하는 자세만은 너무 매이듯 하지 말아야겠다. 집은 집일 뿐. 소모품이다.

부에 대하여

앞뒤가 맞지 않는 모순된 말과 행동은 일상에서 흔히 볼 수 있다. 명절에 오랜만에 자식을 본 어머니는 "왜 이렇게 살이 많이 쪘냐, 살 좀 빼고 운동 좀 해라"는 말을 연신 내뱉는다. 그러면서도 한 상 가득 밥상을 내오실 때는 자식이 살찌는 문제는 별로 안중에 없어 보인다. 어머니의 살 좀 빼라는 충고에 밥을 좀 남기기라도 하면 어머니는 "그거 먹어서 되겠느냐"고 이야기하신다. 마치 명절에 어머니 자신이 마련해준 음식은 자식이 살찌는 문제와는 별개라도 되는 마냥 말이다.

아이들에게서도 모순된 행동을 발견한다. 야외에서 신나게 놀고 나서 체력이 방전 상태에 가까울 때 어른들은 휴식을 취하게 마련이지만, 아이들은 몸이 더 이상 따라주지 않는데도 "더 놀겠다"며 떼를 쓴다. 아이의 생떼를 이기지 못해 부모가 막상 아이에게 더 놀라고 하면 다리가 후들거려 제대로 놀지 못하면서 말이다.

부에 대한 인식이나 태도에서도 모순된 행동이 나타난다. 도심에서 집값이 오르는 현상을 보며 사람들은 "집을 돈벌이로 인식하고 투기에 이용하는 사람들 때문에 집값이 잡히지 않는다"고 혀를 찬다. 서울에서 언제 내 집을 마련할 수 있겠느냐고 걱정한다. 그러면서도 막상 집을 장만하면 내 집값이 오르는 데 누구보다 관심이 많다. 집값이 오르는 데서 묘한 안도감과 쾌감을 느낀다. 누군가는 좀 더 적극적으로 '월급쟁이로 살아서 뭐하냐. 부동산이 최고지'라며 돈만 더 있으면 투기를 할 수도 있겠다는 마음을 갖기도 한다. 멀리 갈 것 없이 나 역시 집을 매매한 뒤로는 한 번씩 부동산 사이트에 들어가 집값을 검색한다. 서울에서 언제 집을 구할까 걱정했던 나도 요즘엔 조금씩 오르는 집값을 보면 마음이 풍성해진다.

부와 욕망에 대한 인식의 잠금장치는 모순의 개념이 쉽게 넘나들 만큼 유독 헐겁다. 현재 살고 있는 주거지의 어느 한 부분이 결핍할 땐 '이사하면서 이것만 개선되면 더할 나위 없이 좋겠다'는 생각을 한다. 그러나 막상 이사를 위해 집을 보러 다니다 보면 그것만 개선되는 데서 만족하지 못한다. 눈에 들어오지 않던 문제들까지 거슬린다. 몇 천만 원의 여유 자금으로 이사하려 했지만 '조금만 더 충족되면 좋겠다'는 생각에 욕심의 한도가 초과하면서 대출이 고공 행진한다. 빚을 잔뜩 내서라도 괜찮은 집에서 살겠다는 사람은 과하다 싶을 정도의 대출을 받는다. 이들은 주변의 우려를 자아내기도 하지만, 무리하게 대출을 받아 구매한 그 집의 집값이 껑충 뛰어올라 '도약'에 성공하는 경우도 어쩌다 발생한다. '빚을 내지 않고 내 형편에 맞게 살겠다'는 사람들의 상식적인 철학만 인정되지 않는 사회다.

창 모(矛)와 방패 순(盾)이 만나 만들어진 단어 모순(矛盾). 인간의 내면은 누구나 창과 방패와 같은 이면을 가지고 있게 마련이다. 인간 자체가 모순덩어리인 셈이다. 부에 대한 인간의 태도 역시 모순될 수밖에 없다.

일확천금을 꿈꾸는 인간의 욕망

프랑스 출신의 사상가이자 철학자 알랭은 단어의 뜻을 명백히 밝혀 규정하는 '정의'를 매우 높이 평가했던 인물이다. 그는 『인간론/행복론/말의 예지』(방곤 옮김, 동서문화사, 2016)에서 여러 단어를 자신만의 관점에서 정리했다. 단어의 정의 중 '복권'도 있다는 점이 흥미롭다.

> "복권은 어떠한 부정도 없이 운을 걸어보는 방법이다. 복권의 체제는 모두 기회를 균등하게 하는 섬에 놓여 있다 이렇게 기회는 순화된다. 10만 명의 가난한 사람이, 무차별적으로 그들 가운데 한 사람을 부자로 만든다. 복권은 보험의 반대이다."

알랭이 정리한 단어 중에는 '욕구, 탐욕, 가지고 싶어 하는 것, 야심, 욕망, 재산, 본능' 등 인간에게서 떼놓을 수 없는 본성에 관한 것이 다수 포함돼 있다. 아마도 일확천금에 대해 한 번은 꿈꾸기 마련인 인간의 본성을 말할 때 복권을 빼놓기는 쉽지 않았을 것이다.

복권과 관련해 쉽게 접할 수 있는 기사는 크게 두 부류로 나뉜다. 첫째는 누군가 대박 친 사례다. 50대 여성 메이비스 웨인치크는 2017년 미국 파워볼 복권추첨 사상 역대 최고 개인 당첨금액인 7억 5870만 달러(약 8548억 원)를 거머쥐었다. 이런 기사를 접하면 일단 부럽다. 부러우면 지는 거라고 하지만 부럽지 않다면 거짓말이다. 부러움 뒤에는 '저 돈을 가지고 뭘 할까'라는 생각이 잇따른다. 내가 마치 복권 당첨의 주인공이라도 된 듯 여러 가지 상상을 해보기도 한다. 10억 원대, 혹은 수십억 원대 복권에 당첨됐다면 가장 먼저 뭘 할까. 새 차를 뽑거나 국내외 여행을 즐길 수 있다. 불우한 이웃을 돌볼 수도 있을 것이다. 평소 효도를 못 해 부모님께 용돈을 드리거나 또 다른 곳에 투자할 수 있다. 요즘 주거에 대한 관심이 부쩍 늘어난 나는 가장 먼저 부동산, 이사가 생각났다.

복권과 관련한 또 다른 기사는 대박의 기회를 얻었지만 쪽박 찬 사례다. 가족과 지인과 결별한 사람, 굴러들어온 복을 감당하기 벅차 단기간에 탕진한 사람, 또 다른 사업에 투자했다 망한 사람, 하이에나처럼 돈 냄새를 맡고 몰려든 사람에게 사기를 당한 사람 등등. 뜻밖에 이런 사람들이 많은가보다. 이런 기사는 잊을 만하면 심심찮게 등장한다.

물론 제대로 은둔하며 자기만의 부를 만끽하는 고수들도 있겠지만 쉽지 않을 것이다. 노력으로 얻은 게 아닌 쉽게 들어온 돈을 잘 관리할 만한 절제력이나 미덕이 아무에게나 주어지는 것이 아니다. 대박을 친 사람을 순진하게 그냥 놔두는 사회 분위기도 아니다. 가족과 친지의 반응이 달라질 것이다. 접근하는 사람은 많겠지만, 진실한 인간관계가 가능할까. 설사 진심 어린 사람에 대해서도 대박을 경험하며 마음의 경계를 친 이가 그것을 순수하게 받아들일까. "고생은 함께 나누기 쉽지만 즐거움은 나누기 어렵다"는 말이 있다. 복권과 같은 대박은 당사자에게는 엄청난 즐거움, 주변인에게는 함께 즐거움을 나누기 가장 어려운 대상이 되기 마련이다. '복권 당첨=행복한 삶'의 공식이 성립하지 않는다는 데서, 복권에 한 번도 당첨되지 못한 나는 애써 위로를 삼는다.

알랭이 정의해놓은 인간의 본성에 관한 개념들은 주거를 말할 때 떼려야 뗄 수 없는 것들이다. 그 개념을 나만의 방식으로 주거에 적용해 재정의하거나 예를 들어봤다.

우선 복권에 대한 나만의 정의를 해보면 다음과 같다.

"복권은 투자했던 적은 돈만큼이나 도취에 빠지는 순간도 잠깐이다. 복권을 사는 10만 명이 잠깐씩 꾸는 꿈의 개수는 10만 가지다. 그 꿈의 크기나 질과 전혀 상관없이 당첨된 한 사람, 그 사람만 집이든 차든 수직적인 업그레이드를 할 수 있다. 복권에 당첨되는 사람의 삶이 꼭 행복으로 이어지는 건 아니다. 그 변화가 너무 갑작스러워 감당하기 어렵고 주변의 반응에도 적응이 쉽지 않기 때문이다."

다른 정의도 주거 관점에서 재해석했다.

🔈 욕구

• 알랭

"욕구란 어떤 결핍을 느끼는 인간의 상태, 더구나 그 결핍에 대해 생각하지 않고는 견디지 못하는 상태. 욕망은 자주 욕구로 변한다. 특히 욕망을 획득한 사람이 그 욕망을 다시 잃게 되는 때에 욕구로 변한다."

• 나

"반지하에 살다 보면 햇볕 결핍을 느낀다. 역세권의 편리함에도 상쾌한 공기에 대한 갈망을 막을 수는 없다. 한번 녹지에서 쾌적한 주거를 맛본 사람은 그 욕구를 잊기 어렵다."

🔈 욕망

• 알랭

"욕망에 있어서 우리는 열중하기보다 공상을 더 많이 한다. 그렇기 때문에 욕망은 반드시 욕구에 따르지는 않는다. 사람은 경험한 적이 없는 사물에 대해서도 욕망을 품을 때가 있다. 따라서 발명자가 우리에게 줄 수 있는 욕망에는 한도가 없다. 사람은 새로운 것에 욕망을 갖는다."

• 나

"연예인이 사는 집, 전원주택을 지어 넉넉하게 사는 누군가의 집을 소개하는 방송이나 잡지를 보면 부러움이 찾아온다. 당장 쟁취하지 못하기에 그런 집에서 사는 온갖 상상을 펼친다. 욕망의 바다에서 한참을 헤엄치다 보면 다시 익숙하고 편안한 현실의 집과 마주한다."

🔈 탐욕

- 알랭

"지키려 하기보다 오히려 취하려는 욕망. 탐욕은 낭비벽과 아주 자주 결합된다. 또한 자기가 소유하고 있는 것을 잊는 일과도 연결된다."

- 나

"30평에서 살기에도 충분하지만 40평을 취하고 싶다. 도무지 30평에 감사할 줄 모르는데 40평을 취하면 또 50평이 생각나지 않을까."

🔈 가지고 싶어 하는 것

- 알랭

"소유하고 싶어 하는 욕망은 자연적 욕망, 즉 필요에 의해 갖게 되는 욕망, 그리고 정신이 섞이지 않은 욕망이다. 예를 들면 권력을 갖고 싶어 하는 마음은 완전히 순박한 야심을 정의하는 마음이다. 이 야심은 기질에 관계하며, 거기에는 오만도 경멸도 없다. 이렇듯 가지고 싶어 하는 마음은 완전히 순수한 욕망이다."

- 나

"내 명의로 된 집, 더도 덜도 말고 남들 사는 정도의 집을 갖고 싶어 하는 욕망."

🔈 재산

• 알랭

"재산의 두 가지 의미 부(富), 운(運)에는 배울 점이 많다. 거기에서는 부의 기원이 단순한 우연으로 보여진다. 재산에는 말의 깊은 뜻이 나타나 있다. 왜냐하면 운이 따르지 않으면 일은 풍족해지지 않기 때문이다. 그렇기 때문에 재산이 정당한지 아닌지를 묻는 일은, 제비뽑기가 공정한지 아닌지를 묻는 일과 같다고 할 수 있다."

• 나

"집이 '사는 것'이냐 '사는 곳'이냐는 질문에 '사는 것'이라고 답하는 사람은 집을 투자처, 즉 돈으로 생각한다. 반면 '사는 곳'이라는 대답을 하는 사람은 집을 든든한 재산으로 여긴다. 여기서 말하는 재산은 풍요로움이다. 집을 처음 매매하고 나서 이사한 첫날의 기분을 느껴본 사람은 든든하다는 것의 의미를 알 것이다."

🔈 본능

• 알랭

"본능은 구조, 상황 실천에 동시에 의존하여 유용한 목적을 달성한다. 약해져 있는 사람은 본능적으로 도와주는 사람에게 매달린다. 본능은 맹목적이기 때문에 때때로 자신에게 유리한 유용성에서 벗어난다. 반감, 공감, 우정, 사랑은 본능적이다."

• 나

"지금보다 더 넓고, 깨끗하고, 전망 좋고, 공기 좋고, 층간소음 없고, 교통 편리하고, 좋은 이웃 많고, 도서관 가깝고, 안전한 집에서 살고 싶다. 내 본능이다."

주거 대박보다 점진적 업그레이드를 꿈꾸다

애덤 스미스는 『도덕감정론』(김광수 옮김, 한길사, 2016)에서 "급격한 운명의 변화는 사람의 행복에 거의 기여하지 못한다. 오히려 위대함을 향해 더욱 점진적으로 나아가는 사람이 가장 행복하다"고 말한다.

애덤 스미스는 열정의 종류를 '신체에서 유래한 열정' '비사회적인 열정' '사회적인 열정' 등으로 분류했다. 이 중 '이기적인 열정'은 우아한 사회적 열정과 불쾌한 비사회적 열정의 중간쯤에 위치하는데 개인적 행·불행 때문에 느껴지는 열정이다.

'운명의 급격한 변화'를 맞은 사람이 있는가. 갑작스레 엄청난 돈을 벌어 그럴듯한 집으로 이사한 '주거 대박'을 이룬 사람들이 있는가. 설사 그가 사려 깊은 사람이라서 겸손의 자세를 취한다 해도 주변인들은 그의 진실성을 의심하고, 그 당사자는 자신의 겸손에 점차 지치게 된다고 애덤 스미스는 다음과 같이 말한다.

"운명의 급격한 변화에 따라서 생활수준이 이전에 살았던 것보다는 즉시 훨씬 높게 급상승한 사람은 그의 가장 친한 친구들의 여러 축하가 완전히 진심은 아니라는 점을 확인하게 된다. 벼락출세가 설령 최대로 가치 있는 것이라고 할지라도 일반적으로 우리에게 불쾌감을 주며, 대개 질투의 감정이 작용하여 우리는 당사자의 환희에 대해서 진심으로 동감하지 못하게 된다."

벼락으로 이룬 부라면 자신과 레벨이 맞는 집단에 들어가기도 쉽지 않다. 내가 만약 신혼 때 살던 반지하에서, 한 번에 마당 달린 쾌적한 도심 주택이나 으리으리한 거대 평수의 조망 좋은 아파트로의 주거 업그레이드를 이뤄냈다면 어땠을까. 소소하게 평수를 늘려가며 햇볕이 조금이라도 더 드는 공간으로 이사하는 소박한 즐거움은 절대 누리지 못했을 것이다. 노력이 주는 대가의 의미도 몰랐을 것이고 친한 사람들과 관계가 틀어지거나 어색한 사이가 됐을 수 있다. 새로운 공간에서 만나는 수수한 이웃들과 나누는 정은 당연히 누릴 수 없었을 거다.

누구나 주거 대박을 꿈꾼다. 쪽박은 차도 좋으니 일단 대박이라도 한 번 쳐보고 싶다. 하지만 행복의 관점에서 봤을 때 주거 대박보다 점진적 주거 업그레이드가 훨씬 유용하다. 좀 더 나은 공간에서 생활하기 위해 나와 우리 부부는 오늘도 주거 투쟁을 한다. 그러나 벼락출세는 결코 바라지 않는다. (물론 굳이 굴러 들어오는 벼락을 마다할 생각은 없다.) 사회에 해악을 끼치지 않는 이기적인 열정을 최대한 발휘해서 한 걸음 전진하는 것을 꿈꾼다.

환경의 습격,
이민을 고민하는 밤

10년 전쯤 친구가 이민 이야길 꺼낸 적이 있다. 한국에서 아이들을 키울 생각을 하니 답이 나오지 않는다는 것이다. 아이들에게 숨막히는 교육 환경, 남을 배려할 줄 모르는 문화 등을 이유로 꼽았다. 이해는 하더라도 공감은 쉽게 되지 않았다. '이 정도면 괜찮은 것 아닌가'라는 생각이 들었다. 아마도 순수 토종 출신인 나와 해외에서 오래 생활을 한 친구의 배경 차이였나 보다.

이민은 나와 무관할 거라 생각했지만, 요즘 들어 '이민을 하는 건 어떨까'라는 생각이 문득 들 때가 있다. 미세먼지 때문이다. 언제부터 미세먼지라는 단어가 이렇게 실생활에서 비중 있게 와 닿게 된 걸까. 둘째 아이는 말을 하기 시작할 즈음부터 미세먼지라는 단어를 알게 됐다. 밖에 나가 맘껏 뛰어 놀고 싶은 아이를 만류하려면 부모가 설명을 해야 하는데 처음엔 수긍하기 어려워하던 아이들도 이젠 "미세먼지가 심하다"는 말 한마디에 바로 꼬리를 내린다.

우리 어릴 때 일기장에 날씨를 적는 칸은 '맑음' '흐림' '눈 또는 비'였는데 이제 아이들의 일기장에 날씨는 '미세먼지 나쁨 · 보통 · 좋음' '초미세먼지' 등이 들어가지 않겠나. 이순신의 『난중일기』(이은상 옮김, 지식공작소, 2014)에 가장 많이 등장하는 단어가 '맑음'인데 이 난세에 이순신 같은 사람이 태어나 일기라도 혹시 남긴다면 '미세먼지'가 가장 많이 들어가는 단어가 될지도 모른다. 씁쓸하다.

언제까지 이렇게 살아야 할까. 다른 불편한 환경은 무시하거나 극복하면 되는데, 공기의 습격은 지나칠 수 없다. 거주지를 옮기지 않고서는 답이 나오지 않는다. 아무리 기술이 발전한다 해도 현 상태보다 공기를 개선하는 것이 가능할까. 우리의 통제가 미치지 않는 중국의 자체 정화를 기대하기도 어렵지만, 설사 그게 이뤄진다 해도 수십 년은 걸리지 않겠나. 국내에서도 미세먼지를 줄이기 위해 민간인 차량통제 등을 검토한다고 하지만 얼마나 실효성이 있을까 싶다. 그때까지 꾹 참고 기다려야만 하는 걸까.

맑게 갠 하늘을 보면서 산다는 것이 축복인 줄 몇 년 전까진 잘 몰랐다. 미세먼지로 뒤덮인 뿌연 하늘을 늘상 접하고 살다 보니 그 시절이 좋았구나 싶다. 어린 시절 생수가 처음 나왔을 때 황당해하며 웃었던 기억이 있는데, 이제 길거리에서 산소 호흡기를 차고 다니는 사람을 보면서도 당연한 듯 받아들일 날이 머잖은 거 같다.

이민을 생각하면 항상 현실의 벽에 부딪혀 내 구상은 막을 내린다. 포기해야 할 것들, 희생해야 할 것들이 너무 많다. 이 모든 것을 포기 · 희생하면서 이민을 결심하는 사람들이 대단하다 싶다.

포기 · 희생해야 할 것들 • •

· 가족 이웃과 떨어져야 한다. 우리 집이나 아내 집이나 친척 중에 해외에 거주하는 사람이 없다. '오랜 기다림 끝에 만남'의 의미에 익숙지 않다. 우리가 이민한다면 부모님의 얼굴을 얼마 만에 볼 수 있을까. 지금은 멀리 떨어져 있어도 명절 등을 기회로 1년에 2~3번은 얼굴을 보는데. 이민 가면 2~3년에 한 번씩 얼굴 보는 정도겠지? 그것도 힘들려나. 평생 살아봐야 얼마나 살며, 얼마나 얼굴 본다고 생이별을 해야 하나. 30~40년을 살면서 만난 친구, 이웃들과도 모두 안녕하고 새로운 친구들을 사귀어야 한다.

· 직업. 외국에 가서 내 전공을 살려 구할 수 있는 일이 마땅찮다. 현재 내 직업은 언어를 주무기로 하는데 이민하는 국가가 영미권이라면 영어에 일단 자신이 없다. 한국어가 좋다. 뭘 해서 먹고살 것인지가 막막하다.

얻을 것들 • •

· 미세먼지에서 벗어난 삶

· 아이들의 언어 교육

· 새로운 도전 새로운 인생

얻을 것이나 희생하고 포기해야 할 것들의 건수가 비슷하다 해도 희생 · 포기해야 하는 것들은 내 삶의 기반을 이루는 요소들이다. 별 수 없다. 국내에서 발버둥 쳐보는 수밖에. 미세먼지와 투쟁하는 수밖에. 국내에서 최대한 미세먼지 영향이 없는 곳으로 이사를 고민하는 수밖에. 혹시나 공기 환경이 더 나빠지게 된다면 잃을 것들에도 불구하고 이민을 진지하게 다시 고민하게 될지도 모르겠다.

이민을 생각하면서 거주지라는 것이 단순히 집 자체만을 의미하는 것이 아니라는 걸 깨닫는다. 거주지는 곧 생활 환경이자 삶이며, 생존을 위한 삶의 기반이면서 나 자신을 형성한 모체이기도 하다.

직장과 집의 거리가 길어질까

주거의 반경은 직장의 범주 아래 있다. 최대 경기도 일산과 세종특별자치시를 오가며 출퇴근하는 사람을 봤는데 그 이상의 시간을 들여 왕복 출퇴근하기란 불가능하다. 그 경계선 어디쯤 주말부부가 탄생하는 것이다.

출퇴근 시간이 늘어난다는 것은 그 자체로 스트레스다. 아무리 이 시간을 활용해 외국어를 연습하고 독서를 한다고 해도 피로하다.

지금껏 직장 생활을 하면서 왕복 2시간이 넘지 않는 출퇴근 시간을 고수해왔던 건 고무적인 일이다.

집에서 직장까지의 거리, 여기서 발생하는 출퇴근 시간만 희생하면 분명 얻는 것이 있다. 서울에서, 도심에서 멀어질수록 더 넓고 쾌적한 환경으로 이사할 수 있다. 문제는 한번 멀어지면 다시는 중심에 가까워지기 어렵다는 것이다. 주거 면적을 늘려 경기권의 어디로 가기는 쉬워도, 다시 서울로 진입하면서 면적을 줄이는 것은 좀처럼 쉽지 않다.

얼마 전 내 또래의 남자 네 명이 모여 대화를 나눴다. 아이들의 나이가 대여섯 살 안팎으로 다들 고만고만하다. 결혼할 때 그래도 강남에서 출발한 A 씨. A 씨에게 누군가 그런 이야길 했다고 한다. "너희 지금 살고 있는 동네만 사수하고 있어도 성공하는 거다"라고. 그런데 말처럼 쉽지가 않았단다. 아이가 태어나고 크면서 주거 면적을 넓혀가야 했다. 강남에서는 전세라도 면적을 넓히기엔 역부족이었다. 전세금이 모자랐다. 조금씩 남하하면서 물러났더니 어느 순간 경기도 어딘가에서 살고 있단다. 출퇴근만 좀 불편하게 됐지 다른 건 웬만큼 만족스럽단다. 그러나 다시는 강남으로 돌아갈 수 없게 됐단다. 돌아가기는커녕 더 남하하지 않으면 다행이란다.

주거를 결정할 때 출퇴근을 고려하지 않는다면 어떻게 될까. 프리랜서의 삶을 고민한 적이 있다. 일하고 싶을 때 일하고, 쉬고 싶을 때 쉬는 삶. 매력적이다. 관심이 간다. 하고 싶다. 주거 공간이 어디든 재택으로 근무할 수 있으니 직장과 집의 거리를 고민하지 않고 주거를 선택할 수 있다. 한번 이런 삶을 살아보고 싶다.

그런데 좀 더 고민해보면 딱히 좋지 않을 수도 있겠다는 생각이 든다. 지금이야 월화수목금 일을 하기 때문에 주말이 더 반가운 것이고, 휴가라고 해봐야 1년에 고작 며칠 안 되지만 가끔 있기에 기다리는 맛이 있다. 일과 쉼의 경계가 불분명한 자유로운 삶에서는 과연 주말이 주말 같고 휴가가 휴가같이 느껴질까. 적당한 긴장감은 일을 더 효율적으로 만든다. 긴장감이 사라질 때 사람은 쉽게 퍼진다. 삶의 의욕이 반감될 수 있다. 군 제대 후 1년여 간의 백수 시절을 돌아보면 휴식의 감흥이 크지 않았던 걸 잘 알 수 있다.

웬만한 결심 가지고는 주거를 택할 때 직업을 희생할 필요까지는 없을 것 같다. 사실 지금 하는 일을 때려치운다고 해도 대안이 없다.

전원생활이 답일까

팍팍한 도심 생활에 지칠 때면 '빨리 돈 벌어서 시골이나 수도권 외곽에 전원주택 지어 살자'는 생각이 들 때가 있다. 너른 마당에 있는 평상에 앉아 삼겹살도 구워 먹고, 새 소리 들으며 한가하게 책을 읽는 모습, 누구나 한 번쯤 꿈꿔본 장면이다. 도시인들이 갈수록 직장에서 치이고, 결혼과 출산 압박을 많이 받고, 육아가 힘겹고, 필요 이상으로 교육열이 치솟고, 소음과 매연에 시달리다 보면 이런 갈망은 시시때때로 분출하게 마련이다. 주변을 돌아보면 전원생활의 꿈을 현실화하는 사람도 부쩍 늘고 있다.

전원생활이 주는 만족감은 먼발치에서 보면 상당해 보인다. 하지만 당사자에게 막상 이야기를 들어보면 외부인들이 보지 못하는 이면의 모습도 꽤 볼 수 있다. 전원생활이 로망만 있는 건 아니라는 소리다. 관리비를 내는 아파트처럼 누군가 관리해줄 사람이 없으니 유지 · 보수에 드는 수고가 만만찮다. 자연에 지나치게 가까이 있는 집은 습기 문제, 또 외부 세력(뱀, 갖가지 곤충 등)의 출몰 위협이 늘 도사리고 있다. 도심에서는 몇 발짝만 걸어가면 편의점이 있어 편리함을 잘 느끼지 못하지만, 전원주택 주변에는 편의점을 찾아볼 수 없다. 전원주택을 소개하는 인터넷 기사에서, 전원주택 생활의 고충을 호소하는 경험자들의 댓글이 심심찮게 올라오기도 한다.

전원주택을 꿈꾸지만, 모두에게 대안이 되지는 않는 것으로 보인다. 도시인들이 전원주택을 꿈꾸는 것은 내가 가지지 못한 것에 대한 막연한 동경은 아닐까. 『여행, 길 위의 철학』(마리아 베테티니 · 스테파노 포지 지음, 천지은 옮김, 책세상, 2017)에서 소개된 프랑스 정치가이자 철학자인 멘 드 비랑의 사례가 인상적이다. 나폴레옹 시절에 활동했던 그는 한적한 곳에 머물다 하원의 안보위원이라는 자리를 맡게 되면서 파리의 떠들썩하고 여유 없는 환경에서 생활하게 된다. 한 달 만에 철학 논문 작성을 위해 그라투르 성으로 돌아온 그는 "파리에서는 항상 바빠서 불평하곤 했는데, 이곳에 오니 그 시절이 그립다. 파리에서는 해야 할 일도 많고 늘 바쁘게 움직이느라 정신없고 혼란스러워 행복을 느낄 수가 없었다. 그런데 이곳에서는 파리에서의 동적이고 밖으로 나돌아 다니는 습관이 내 감각 속에 각인되어, 어떤 일이 일어나더라도 언제든 움직일 준비가 되어 있다. 내 마음은 균형을 잡지 못한 채 권태와 무기력에 빠져 있다. 어떻게 균형을 잡을 수 있을까"라고 말한다.

나 역시 전원생활을 꿈꾸지만, 그것이 현실이 된다면 마찬가지의 고백을 하게 될 것 같다는 생각이 든다. 도심에서, 집 주변에서 당연하게 누리는 카페에서의 아메리카노 한 잔의 여유, 아파트 이웃과의 교류, 생각날 때 불쑥 나가서 사오는 아이스크림, 창문 밖으로 무심코 보는 사람 구경 등이 전원생활을 하는 중에 문득문득 그리워지지 않을까. 어떤 주거 환경에 몸담고 있는지보다 중요한 것은 마음 자세다. 멘 드 비랑 역시 "모든 불행은 시골에서처럼 파리의 방에서도 평온을 유지하는 방법을 모른다는 것, 내 활동의 주인이 되는 법을 모른다는 것에서 비롯된다"고 고백했다.

아이들 교육을 위한 주거 환경도 마찬가지다. 도심의 잘 짜인 교육 환경에서 영감을 얻는 아이가 있을 것이고, 시골 생활에서 자연과 벗하며 성장하는 것이 도움 되는 경우도 있다. 영화 〈레옹〉(1994), 〈제5원소〉(1997) 등으로 유명한 뤽 베송 감독은 스쿠버 다이빙 강사인 부모의 영향으로 유년 시절을 그리스 작은 섬에서 보냈다. 자연과 벗했던 유년 시절 환경이 그의 상상력의 원동력이 됐다.

서울이냐 시골이냐, 주어진 환경이 한 사람의 인생에 긍정적이든 부정적이든 어떤 영향을 미칠지 쉽게 가늠하기 어렵다. 조선 후기 실학자 이익은 『성호사설』에서 조선 중기의 문신이자 '오성과 한음'의 오성 대감으로 널리 알려진 이항복의 "마소 새끼는 마땅히 시골로 내려보내야 하고 사람 자식은 마땅히 서울로 올려보내야 한다"에 반박했다.

> "내가 일찍이 우리나라 안을 두루 돌아다녔는데, 깊은 두메의 외딴 마을은 백성의 풍속이 순미(純美 : 티 없이 깨끗하고 아름다움)하나, 고을이 조금 커서 사대부가 사는 곳이면 그만 못했다. 고을의 수령이 있는 곳은 또 더 못하고, 감영이나 진영의 관찰사나 병수사가 있는 곳은 또 더욱 못하고, 서울은 또 더욱더 못했다. 지위

주거를 바라볼 때 평수를 넓혀가고,
돈 좀 번다고 비싼 곳으로
가는 것만이 정답은 아니다.
그때그때, 나와 우리 가족에게
가장 의미 있는 주거 형태가 답이다.
돈이나 외형이 아닌
인생의 시기와 단계에 걸맞은 형태에서
이사 이유와 의미를 찾는다면,
주거 문제가 새롭게 보이지 않을까.

가 더 높을수록 교양은 더 천박하고, 도회지에 가까운 곳일수록 풍속은 더 떨어지니, 이 때문에 서울이 마침내는 인재를 기를 곳이 아니라는 것을 알았다." (『성호사설』, 이익 지음, 고정일 엮음, 동서문화사, 2015. '서울 사람과 산간 사람' 중에서)

어떤 이는 시골 생활이, 또 다른 이는 서울 생활이 어울린다. 사람은 또 어떤 환경이든 극복할 수 있는 내면의 힘을 가진 존재이기도 하다. 도심 생활을 하는 사람은 전원생활을 그리워하고, 또 자연과 벗하는 것이 일상이 된 사람들은 도심 생활이 생각나는 법이다. 중요한 건 어디에 거주하느냐가 아니라 마음가짐이다.

셰어하우스는 어떨까

1인 가구가 늘어나면서 하나의 집을 여러 사람이 나눠 쓰는 셰어하우스(share house)가 증가하고 있다. 한집에서 주방과 거실을 공유하고 각자의 방(1인실) 혹은 한방에서 2명(2인 1실)이 함께 생활하는 구조다. 대학생 때로 돌아간다면 꼭 살아보고 싶은 집이 셰어하우스다. 낯선 사람들과의 동거, 그 속에서 각자의 영역을 지켜나가며 공유의 지혜를 모색하는 일, 생각만 해도 흥미롭다.

셰어하우스의 성공과 실패는 결국 사람, 구성원에 있다고 본다. 공유지를 사용하면서 누군가의 태만이나 무관심으로 '역할 분담의 무게추'가 일방으로 쏠린다면 함께 생활하기 어려울 것이다. 균형을 절묘하게 이루면서 마음마저 맞는 사람들이라면 함께 생활하기에 더할 나위 없는 조건이다.

하숙할 때 1인 2실을 사용한 적이 있다. 동갑내기인 친구와는 한 방을 공유하면서도 서로의 영역을 지켜줬다. 아마도 그 친구와 인간적으로 너무 가깝지 않은 것이 하나의 비결이 됐는지도 모른다. 그

친구와 친해져서 허물없이 지냈다면 우리는 서로의 영역을 침범했을지도 모를 일이다. 실제 친한 친구들끼리 사용하는 하숙집 방에서는 술판이 자주 벌어지거나 니 거 내 거 없이 쓰다 보니 양말이나 속옷의 경계도 흐려지는 모습을 봤다. 공유와 사유의 경계가 흐려진 그런 친구들의 동거는 오래가지 못했다. '공유지의 비극'이 발생하지 않도록 적정선의 울타리를 치는 구성원의 지혜가 필요하다.

아이들이 있는 집은 현실적 여건상 타인과 공간을 나눠 사용하는 셰어하우스에서 살기가 어렵다. 셰어하우스까지는 아니더라도 대안을 고민했던 적은 있다. 친한 지인들이 시너지를 내기 위해 가까이 모여 사는 방식이다. 마음 맞는 사람들이 한집에서 구획을 나눠 공동 거주하는 것이 아니라, 같은 동네에 살면서 왕래도 자주 하는 형태였다.

하지만 논의에 그쳤을 뿐 현실화하지는 못했다. 일단 함께 모여 살 동네를 정하는 게 어려웠다. 30대, 다들 직장이 서울과 경기 여기저기 흩어져 있어서 한 곳으로 거점을 정하기 어려웠다. 어디로 하면 누가 멀고 다른 어디로 하면 누가 멀었다. 아이들이 다니고 있는 어린이집이나 유치원을 중간에 그만둬야 하는 문제가 있었다. 새로운 동네로 이사했을 때 다닐 수 있는 어린이집이나 유치원 등 대안이 마땅치 않았다. 직장생활에 바쁘고 아이들 키우기 바쁘고 하다 보니 의견을 맞추기 쉽지 않았다.

지금은 어렵더라도 언젠가 아이들이 독립해 나가고 부부들만 남게 됐을 때 '같은 동네에서 모여 살기' 프로젝트를 해보는 건 어떨까

하는 생각을 해본다. 물론 그때가 되더라도 제한 사항은 있겠지만, 최소한 지금보다는 고려할 요소가 덜할 것이라는 희망을 걸어본다. 노년에 마음 맞는 사람들이 한 동네 살면서 서로의 집을 자주 왕래하며 취미 생활도 같이 하고, 연륜을 발판 삼아 새로운 일을 함께 도모할 수 있다.

이 프로젝트의 가장 큰 적, 가장 큰 방해 요소는 아마도 손자 · 손녀를 봐 달라는 자식들의 요청일 거라는 예감이 든다. 여기서 내 아들, 딸에게 분명히 말해둔다.

"나는 너희 아이들 돌봐줄 생각이 없다. 니 자식들은 니가 감당해라. 한 번씩 집에 놀러오면 반갑게 놀아줄 준비는 돼 있다. 엄마 아빠도 양가 부모님 도움 안 받고 너희 둘 키웠다. 맞벌이를 하든 휴직이나 퇴직을 하든, 너희들이 감당해야 할 몫이다!"

낯선 고향

미국 출장을 가서 시차에 적응이 안 돼 잠을 설치던 첫날 밤이었다. 새벽에 눈이 떠져 도대체 몇 시인가 싶어 휴대폰을 만지던 중 고향에서 지진이 발생했다는 뉴스가 눈에 들어왔다. 한국에서 간혹 지진 소식이 들려올 때 나오던 땅이 잠시 흔들리는 수준이 아니었다. 집이 갈라지고 유리 파편이 튀고 벽이 무너진 사진들이 속속 올라오고 있었다. 짧은 순간 한국에서 이런 규모의 지진이 발생했다는 소식에 놀랐고 그 지진이 부모님과 친지, 친구들이 사는 내 고향에서 발생했다는 것에 더더욱 놀랐다.

벌떡 일어나 아버지에게 전화를 걸었다. 한국은 낮 시간대였다. 아버지는 전화를 받자마자 "자는 시간 아니냐"며 되레 자식 걱정을 먼저 하신다. 집 피해는 없는지, 다친 곳은 없는지, 다른 분들은 별일 없는지 내 질문은 이어졌다. 부모님은 놀란 가슴을 달래고 계셨지만, 다행히 무탈하셨다. 친척들 중에선 고모네 집 담장이 무너졌단다. 담장만 무너졌지 고모네도 다친 분은 없단다.

가족이 안전하다는 소식에 일단 다시 누웠지만 쉽게 잠이 들지 않았다. 시차 때문인지 지진 때문인지 이유를 알 수 없었다. 오늘 발생한 지진이 내일 올지 한 달 후 다시 올지, 이번에 담장이 무너지는 정도라면 나중엔 어떤 강도로 올지 예측할 수 없기에 걱정이 앞선다.

남의 나라, 남의 일인 줄로만 알았던 지진이 내 주변 사람들에게 일어나다니. 인간이 아무리 잘난 척하면서 삐까뻔쩍한 건물을 경쟁하듯 올리고 있어도 자연 재난 앞에서 어찌할 도리가 없는 존재 아닌가. 그것도 모른 채 내가 잘났느니 네가 잘 사느니, 아등바등 하는 인간의 모습이 왜소하게 다가왔다.

수능이 연기되는 초유의 사태가 일어났다. 대피소가 꾸려졌고 붕괴 위기에 놓인 아파트 주민들은 졸지에 살 곳을 잃고 체육관 텐트에 임시 주거지를 마련했다.

고향에 있는 어떤 지인은 불안한 마음에 집을 내놓고 이사를 계획하고 있단다. 그러나 한참이 지나도, 집값이 가파르게 떨어져도 집은 팔릴 기미가 보이지 않는다. 무너진 담장은 보상이 있지만, 한없이 떨어지는 집값은 누가 보상해주느냐고 한다. 집에 있기가 불안해 주말이면 이리저리 다른 지역으로 여행을 다닌단다. 그렇게까지 조심할 필요가 있을까 싶지만, 지진 때 온 집 안이 휘청거리고 냉장고가 넘어져 유리 파편이 부엌과 거실 여기저기 흩어지는 아찔한 경험을 한 당사자의 심정을 타지에서 소식으로만 접한 내가 헤아리긴 쉽지 않다.

고향에서 지진이 발생했다고 내 고향이 아닌 것은 아니다. 여전히 고향에는 언제든 가면 반가이 맞아줄 가족 친지 친구들이 산다. 그런 고향이지만, 이전의 고향은 아니었다. 지진 이후 고향이 왠지 낯설다. 고향에 갈 때면 '혹시 지진이 발생하면 어떡하지?'라는 생각이 든다. 여진이 계속되는 고향 소식을 접할 때마다 고향에 내려가는 발걸음이 예전만큼 가볍지 않다. 오랜만에 가족을 만나는 명절이 다가와도 '아이들을 데려가야 하나', '안전을 생각해서 나만 다녀와야 하나' 고민하게 된다. 지진이 발생했을 때 어디로 대피해야 할지, 대피할 시간은 있을지 잡념이 문득문득 스쳐 지나간다. 명절에 내려가 선반과 옷장 위에 놓인 위험한 물건을 치우는 작업부터 했다. 유리컵 하나도 지진이 발생하면 흉기가 된다.

지진이 고향의 안락함을 앗아갔다. 내게 늘 좋은 기억으로 남아 있던 고향. 태어나 유치원, 초 · 중 · 고를 모두 보냈던 고향. 희로애락이 모두 깃들어 있는 곳, 아픈 기억마저도 세월이 지나 서울살이를 하는 내게는 어느덧 좋은 추억으로 승화돼 있던 고향. 하지만 이제는 포근한 안식처로만 기억되는 고향이 아니다.

시인 정지용이 〈고향〉에서 "고향에 고향에 돌아와도 그리던 고향은 아니러뇨…. 고향에 고향에 돌아와도 그리던 하늘만이 높푸르구나"라고 했던 애환은 백발이 만발한 나이쯤에야 돼서 느낄 줄 알았다. 이렇게 빨리 다가올 줄은 몰랐다. 지진이라는 명확한 이유가 원인이라서 더 잔인하다. 고향이 낯설게 느껴지는 이유가 정지용의 고백처럼 내가 변한 것인지 아니면 고향이 예전의 모습을 잃은 것인지 이유를 잘 모르는 여운이라도 남아 있다면 고향에 대한 추억에 적당히 묻어갈 수 있으련만. 여진이 몇 년간 발생하지 않는다면 고향이

다시 낯설지 않게 느껴질까.

내 주거 투쟁 여정의 첫 출발이자 주거에 대한 정체성을 형성했던 고향 상실이 섧다.

주거 빈곤과 주거권

주거는 도심이 발달하고 현대화될수록 인간 생활에 미치는 영향이 커진다. 아이들이 노는 모습만 비교해봐도 과거에는 골목, 뒷산, 야외 공터 등 실외에서 활동하는 시간이 많았지만, 요즘은 집, 유치원, 어린이집, 키즈 카페 등 실내 공간에서 생활하는 시간이 늘어났다. 집이 일종의 놀이터 역할을 하기 때문에 장난감 산업은 불황을 모르고 번창한다. 어른들도 도심 속 획일화된 공간을 탈피하고자 인테리어에 신경 쓰면서 남들과 차별화된 집 만들기에 열중한다. 과거 의식주의 한 부분에 불과했던 주거가 이제는 생활, 문화, 놀이, 계발, 휴식 등 다양한 의미를 담은 공간으로 확장한다.

공간 심리학자인 바바라 페어팔은 『공간의 심리학』(서유리 옮김, 동양북스, 2017)에서 “과거에는 야외에서 많은 시간을 보내고 충분히 뛰어놀았기 때문에 좁은 집은 별로 문제가 되지 않았지만, 요즘 도시에 사는 아이들은 바깥에서 놀 기회가 줄어들어 활동 기회가 줄어들었다”고 말하며, 좁은 공간이 인간관계에까지 부정적 영향을 준다고 분석했다. 너무 좁은 집에 사는 부모가 아이들의 행동을 강하게 제지하는 이유에 대해 바바라 페어팔은 "(부모가) 휴식에 대한 욕구가 있지만 혼자 조용히 쉴 수 있는 공간이 없고, 방음이 잘 안 돼서 이웃집과 갈등을 빚는 걸 걱정하기 때문"이라고 말하기도 했다. 주거 공간의 크기가 한 사람의 인격과 삶에 어느 정도 영향을 미칠 수 있다는 말이다. 많은 현대인들이 할 수만 있다면, 또 능력이 닿는 한도 내에서는 될 수 있는 대로 만족스러운 주거 형태를 취하기 위해 노력하는 것도 이런 이유가 작용한다고 생각한다.

그렇다면 좀 더 나은 공간을 누리기 위해서가 아닌 '인간으로서의 존엄과 가치를 유지하기 위한 최소한의 주거 권리'인 주거권(住居權)은 꼭 투쟁을 통해 획득해야만 하는 것일까. 최소한의 권리가 보장되지 않는 주거 빈곤의 문제는 개인의 일로 치부해야만 하는 것일까.

헌법에서도 주거권을 다루고 있다.

헌법

제14조 모든 국민은 거주 · 이전의 자유를 가진다.

제16조 모든 국민은 주거의 자유를 침해받지 아니한다. 주거에 대한 압수나 수색을 할 때에는 검사의 신청에 의하여 법관이 발부한 영장을 제시하여야 한다.

제35조

① 모든 국민은 건강하고 쾌적한 환경에서 생활할 권리를 가지며, 국가와 국민은 환경보전을 위하여 노력하여야 한다.

② 환경권의 내용과 행사에 관하여는 법률로 정한다.

③ 국가는 주택개발정책 등을 통하여 모든 국민이 쾌적한 주거생활을 할 수 있도록 노력하여야 한다.

14 · 16조는 엄격히 말해서 주거권이라기보다는 인간이 누릴 자유에 가깝다. 외부 세력의 침입, 거주를 제한하는 강제력으로부터의 자유를 보장하는 수준이다. 주거권에 대해 직접 다룬 항목은 35조 3항에서다. 그런데 이 조항도 주거권을 확실히 규정하고 있지는 않다. 주거권을 보장하고 있을 수도, 없을 수도 있다. 해석에 따라 좌우된다는 것은 사실 확실하게 보장해놓은 것은 아니라는 말이다. 35조를 자세히 뜯어보면 다음과 같다.

1 · 주거권을 보장해야 할 주체 : 국가

2 · 주거권 적용 대상 : 모든 국민

3 · 주거권의 내용 : 쾌적한 주거생활을 할 수 있게

여기까지만 보면 헌법에서 주거권을 완벽하게 보장하는 것처럼 보인다. 이를 놓고 어떤 이들은 우리 헌법에서 주거권을 보장하고 있다고 말하기도 한다. 하지만 마지막 항목을 보면 의문이 생긴다.

4 · 주거권 실행을 어떻게 : 노력하여야 한다.

노력한다는 차원은 확실히 보장해준다는 것과는 거리가 있다. 열심히 하면 보장되겠지만 노력을 좀 소홀히 하면 주거권도 후순위

로 밀려날 수 있는 문제다. 헌법이 아닌 하위법령에서는 주거권을 좀 더 구체적으로 보장하고 있다.

주거기본법 2조

제2조(주거권) 국민은 관계 법령 및 조례로 정하는 바에 따라 물리적 · 사회적 위험으로부터 벗어나 쾌적하고 안정적인 주거환경에서 인간다운 주거생활을 할 권리를 갖는다.

주택법 1조

제1조(목적) 이 법은 쾌적하고 살기 좋은 주거환경 조성에 필요한 주택의 건설 · 공급 및 주택시장의 관리 등에 관한 사항을 정함으로써 국민의 주거안정과 주거수준의 향상에 이바지함을 목적으로 한다.

주거기본법을 살펴보면 주거권을 위한 주체의 노력 수준을 넘어 아예 "인간다운 주거생활을 할 권리를 갖는다"고 못 박고 있다. 주택법에서도 국가나 지방자치단체가 국민의 쾌적하고 살기 좋은 주거환경을 위해 해야 할 의무를 규정하고 있다.

헌법상 주거권을 명시해야 한다고 주장하는 이들은 우리 헌법에서 주거권을 확실히 보장하지 않고 있고, 하위법령에나 가서야 주거권을 찾을 수 있다는 점을 비판한다. 주거권은 단순히 생활을 영위하거나 주택을 보유하는 등의 차원에서 그치지 않는 권리로 인간다운 생활을 하기 위한 최소한의 수준이 보장돼야 하는 만큼 헌법에 확실히 담아야 한다는 것이다.

주거권은 좀 더 나은 공간을
누리기 위해서가 아닌
'인간으로서의 존엄과 가치를
유지하기 위한 최소한의 주거 권리'다.
이러한 주거권을 꼭 투쟁을 통해
획득해야만 하는 것일까.
최소한의 권리가 보장되지 않는
주거 빈곤의 문제는
개인의 일로 치부해야만 하는 것일까.

절대 빈곤이 사라진 시대라고 하지만 여전히 쪽방촌, 노숙자와 같은 극빈층뿐 아니라 지하와 옥탑, 숨이 턱턱 막히는 고시원, 철거민 등 주거 빈곤층이 존재한다. 서민 중산층 역시 주거권 위협에서 자유롭지 않다. 주거비용 문제로 탈서울 현상이 가속화되고 있다. 서울에서 주거비를 감당할 수 없어 점차 외곽으로 밀려 나가는 가구가 늘어난다. 원심력이 커져 외곽에서 주거권은 보장받을지 몰라도 출퇴근 왕복 3~4시간을 감내해야 한다. 주거 문제는 이처럼 또 다른 인간다운 생활을 할 권리를 침해하게 된다.

주거가 생존 문제인 사람들

주거권이 위협받는 사람들은 생각보다 우리 가까이 있다. 아내가 한번은 집 한구석에 방치해놓고 쓰지 않던 핸드폰을 처분하기 위해 지역 커뮤니티에 글을 올렸다. '필요한 분이 있다면 가져가라'면서 무료로 드리겠다고 했다. 금세 누군가로부터 연락이 왔다. 집 앞으로 찾아온 여성의 한 손에는 여섯 살쯤 된 여자아이와 다른 한 품에는 돌이 막 지났을 법한 남자아이가 안겨 있었다. 얼굴에 사연이 가득해 보였단다. 그냥 보내면 안 되겠다 싶었던 아내는 잠시 집에 들어와서 물이라도 마시고 갈 것을 권했고, 그 자리에서 아내는 K 씨의 사연을 듣게 됐다.

K 씨는 남편의 계속되는 가정 폭력을 피해 아무것도 챙기지 못하고 아이들만 데리고 탈출했다. 남편이 K 씨의 핸드폰을 볼모로 잡고 있었기 때문에 미처 챙겨 나올 여건이 되지 않았다. 친구 집에 며칠 신세를 지기 위해 경기도에서 서울로 나온 상태에서, 일단 핸드폰이라도 구하려던 중 아내와 연락이 닿게 된 것이다. 나중에 알게 된

사실이지만 불완전한 가정에서 자란 K 씨, 서둘러 가정을 이뤄 정착하고 싶었던 마음에 고등학교를 졸업하자마자 지금의 남편과 결혼했다. 하지만 행복은 오래 가지 못했다. 결혼 후 남편의 폭력이 점차 심해지면서다.

아내는 처음엔 핸드폰만 건네주려 했지만, 이런저런 사연을 들으면서 딱한 사정의 K 씨를 차마 그냥 보낼 수 없었다. 당장 아이 둘을 데리고 머물 곳이 없던 K 씨였다. 며칠 친구 집에 머문다고 했지만 들어보니 그 친구의 사정도 그리 좋지 못했다.

마침 동네에서 친하게 지내던 부동산 중개업자가 있어서 보증금 없이 월세를 내고 살 수 있는 집을 알아봐 달라고 부탁했다. 아이 둘을 끼고 있으니 쉽게 집이 구해질 리가 없었다. 겨우 한 곳을 찾았다고 한다. 아내는 한 달 월세와 잠깐의 생활비로 약 50만 원을 그녀에게 건네줬다. 빌려주는 것이라고 줬지만 아내도 K 씨가 쉽게 갚지 못할 거라는 걸 알고 있었다. 적은 돈이 아니었지만 못 받아도 그만이라는 생각으로 줬다. 부동산 중개업자를 통해 구한 고시원은 열악했지만, 그래도 거처를 잡을 수 있어 다행이라 생각했다.

그러나 그 집마저 이틀을 넘기지 못했다. 알고 보니 집 주인은 아이들이 둘이나 달린 줄 모르고 세를 줬던 것이다. 아이들의 존재가 들통 나는 건 시간문제였다. 주인은 "아이들이 있는 걸 알았으면 당연히 받지 않았다. 왜 자신을 속이고 들어왔느냐"며 K 씨와 부동산 중개업자에게 독설을 퍼부었다. 주인에게 K 씨의 딱한 사정은 아무런 항변 요소가 되지 못했다. 쫓겨난 K 씨는 다시 집을 알아봐야 했다.

다행히 새로 구한 월셋집 주인은 그녀의 형편을 이해해주는 사람이었다. 봉사활동도 정기적으로 다니는 분이라고 한다. 임대업을 하는 사람 중에선 이처럼 좋은 사람도 나쁜 사람도 있다. 하긴 내가 나쁘다고 말하는 그 주인 입장에서는 성을 내는 게 어쩌면 당연하다. 쉽게 나쁘다고만 규정할 수는 없겠다. 그렇게 그녀와 아이들은 비좁지만, 거처를 정했다. 그녀에겐 좁디좁은 그 단칸방이 세상의 어느 보금자리보다 값진 공간이었을 것이다.

어렵게 마련한 거처에서 K 씨는 새 출발을 위해 발버둥 쳤다. 이혼 절차를 밟으며 아이들을 키워 나갔다. 아이 둘을 어린이집에 종일 맡기고 콜 센터에서 일했다. 아이가 심하게 아플 땐 병가를 내야만 했다. 대신 봐줄 사람이 없었다. 자주 결석하는 직원을 곱게 봐줄 리 없었다. K 씨는 콜 센터 일을 어쩔 수 없이 그만두고 식당에서 일했다. 여러 딱한 사정이 이어지면서 아내가 K 씨에게 빌려준 돈은 100만 원을 훌쩍 넘겼지만 K 씨의 상황은 그리 좋아지지 않았다.

몇 달이 지나 K 씨도, 아내도 조금씩 지쳐갈 때쯤 K 씨는 경기도의 한 친척 집으로 거처를 옮겼다. 이사한 사실을 우리 부부는 나중에야 알게 됐다. 빌려준 돈을 다시 받지는 못했지만 어느 정도 예상했던 일이라 크게 놀랍지 않았다.

몇 달이 지나 K 씨에게 문자가 왔다. 고마웠고 못 갚은 돈은 언젠가는 꼭 갚겠다는 다짐과 함께였다. 집에서 먹고, 자고, 씻고, 노는 것을 마치 당연한 듯 살아가지만 우리 주변에는 주거권을 위해 생존 투쟁을 하는 사람들이 있다.

자아실현의 주거 공간

주거 투쟁의 1차 관문은 주거권을 쟁취하는 데 있다. 외부의 위협으로부터 안전하고 월세든 전세든 약속한 시간까지는 맘 편히 살 수 있는 권리, 건강을 위협하는 곰팡이와 바퀴벌레, 눅눅한 공기와 먼지, 위험한 취사 난방시설로부터 해방될 권리를 쟁취하는 것이다.

1차 관문을 통과하면 주거 공간에서 쉼을 얻고 나아가 자아실현을 하고자 하는 2차 목표가 생긴다. 매슬로의 인간 욕구 5단계 이론, 즉 가장 기초적인 생리적 욕구에서부터 안전해지려는 욕구, 사랑과 소속 욕구, 존경 욕구, 마지막 자아실현 욕구까지 주거에서도 이와 같은 단계가 적용되는 걸 경험했다.

이리저리 이사하면서 떠돌 때는 집을 자아실현의 공간으로 크게 생각하지 않았다. 열악한 환경 탓에 그런 마음이 들지 않았다. 집을 매매하고 나서는 집에서 의미 있는 일을 할 수 있겠다는 생각이 들었다.

아내도 같은 마음이었다. 아내와 함께 '설레는 공간 만들기 프로젝트'에 돌입했다. 온갖 짐과 책장, 책상으로 사실상 방치했던 세 번째 방을 활용하기로 했다. 쌓인 짐을 다 들어내고 심플한 공간으로 바꿔보자고 했다. 커피를 마시며 글도 쓰고 책도 볼 수 있는 설레는 공간으로 만들어 보자고 했다.

들어내는 게 일이었다. 둔탁한 책상과 책장을 과감히 폐기하기로 했다. 이사 때마다 고민했지만 미련이 남아 폐기하지 못했던 가구다. 책상과 책장에 마구잡이로 쌓아둔 책을 먼저 처분해야 했다. 꼭 필요한 책만 남기고 다 팔기로 했다. 팔리지 않는 책은 필요한 사람에게 줬다. 수년 간 모아둔 책, 헐값에 팔아도 50만 원을 넘겼다. 이렇게 처분할 것을 왜 그리 모아뒀던지. 서랍 곳곳을 비우다 보니 사용하지 않은 물건, 넣어뒀는지 기억조차 나지 않는 물건이 잔뜩 나왔다. 굳이 놔둬도 더 사용할 거 같지 않은 물건을 왜 이리도 소유하고 살았던 것인지. 버릴수록 홀가분했다. 자연스레 미니멀라이프가 실현됐다. '미니멀라이프의 쾌감이 이런 것이구나' '이래서 미니멀라이프가 유행하는구나' 싶었다.

일단 싹 다 비우고 나서 하얀 색 페인트로 방을 칠했다. 벽지의 기존 색깔이 설레는 공간을 만들기엔 적합하지 않다는 이웃의 조언에 따랐다. 아이들이 잠든 시각, 아내와 둘이 작업복에 페인트를 묻히가며 작업했다. 내가 사용할 공간을 직접 꾸미는 재미가 쏠쏠했다.

엄선한 책만 꽂을 수 있도록 선반을 몇 줄 설치하고, 하얀 방과 어울리게 어두운 톤의 커튼을 달았다. 원목 테이블과 의자를 들여놓는 것으로 마무리. 아내와 나의 공간이 완성됐다. 비우고 채우기까지 한 달 정도가 걸렸다. 채우는 건 오래 걸리지 않았지만, 비우는 데 3주 정도 시간이 들었다. 역시 비우는 게 어렵다.

이 공간에서 나는 자아실현을 하고 있다. 글을 쓰거나, 강한 구조조정 한파에도 살아남은 엄선한 책을 선반에서 꺼내 읽는다. 아내와 나란히 앉아 차를 마시며 대화를 하기도 한다. 단순히 작은 방 하나를 변신했을 뿐인데 마음 자세가 달라진다. 이곳에서는 뭐라도 할 수 있을 것 같은 의욕이 솟는다. 바깥일에 지칠 때면 이곳에서 우두커니 앉아 쉼을 얻는다.

공간이 주는 힘이다. 나에게 최소한의 공간을 선물했을 뿐인데 효과는 가로 240cm, 세로 270cm의 좁은 면적을 뛰어넘는다.

온기가 있는
집에 살고 싶다

주거를 강조하다 보면 자칫 집이나 아파트라는 건물 덩어리만 중요시하는 '건축 제일주의'로 흐를 수 있다. 괜찮은 자재, 튼튼한 콘크리트, 햇볕이 잘 드는 전경, 주변 시설 등은 주거 환경에서 당연히 중요한 요소지만, 그 자체만으로 주거 공간을 완성하지는 않는다. 아무리 좋은 집이라도 방문했을 때 왠지 한기가 느껴지는 집이 있는가 하면, 허름해 보여도 따스한 집이 있다.

집에서 느껴지는 주거 온도는 무엇으로 결정될까. 주인의 성품은 물론이고, 집 내부 인테리어와 공간 활용, 손때 묻은 정성이 온도를 결정하는 데 영향을 미친다. 건물 덩어리와 주거 온도가 제대로 결합돼야만 진정 괜찮은 주거 공간이 완성되는 것이다.

주인의 성품을 보여주는 몇몇 지표들이 있다. 그중 하나가 손님 초대하기다. 사람들을 만나다 보면 손님 초대하기를 즐기는 집이 있다. 이런 집은 기본적으로 집 온도가 냉랭하지 않다. 손님을 자신의 집으로 들인다는 것은 정성이 수반되지 않고서는 할 수 없는 일이기 때문이다. 손님이 방문하면 식사든 차든 뭐라도 하나 내놓아야 하고, 청소 등 손님 맞을 준비는 기본이다. 타인과의 대화를 즐기는 사람은 대체로 마음이 냉탕보다는 온탕에 가깝다. 집으로 초대하는 동기가 자신의 부를 자랑하고 싶어 하는 허세에서 비롯된 것이 아니라면 손님 들이기를 좋아하는 사람이 사는 공간은 방문하는 마음이 편하다.

인테리어나 내부 공간 활용도 주거 온도를 좌우한다. 작으면서도 휑한 느낌을 주는 집이 있다. 집이 작은데도 을씨년스러운 분위기를 준다면 답이 없다. 휑하다는 것은 아늑함, 정돈된 공간과는 다른 말이다. 작으면서도 휑한 집은 정돈돼 있지도 않고 어수선한 느낌을 준다. 때우는 식으로 한두 달이든 한두 해든 버티고 살자는 생각을 하는 집에서 이런 경향이 발견된다. 인테리어는 기대할 것도 없다.

반면 넓지만 꽉 찬 느낌을 주는 집이 있다. 넓지만 꽉 찰 정도로 사는 사람은 단순히 놓인 물건이 가득해서가 아니다. 규모 있게 공간을 쓰고 여유 있게 공간을 활용한다. 여백이 있고 꽉 참이 있다. 부하면서도 정돈까지 돼 있으니 부러울 따름이다. 그러나 부함이 과시욕의 경계를 넘어가는 집에는 정이 가질 않는다. 그 경계를 넘지 않으면서도 부함을 유지하는 집이라면 감탄할 수밖에 없다.

넓지만 휑한 집이 있다. 뭔지 모르게 싸늘한 바람이 도는 집이다. 인테리어가 화려해도 휑하다. 가족 간의 대화가 단절된 집이 보통 그렇다. 넓으면 마주칠 일이 덜하니 대화를 피하려는 중년 부부들이 이런 집을 선호한다고 한다. 출퇴근 시 자신의 동선으로만 다니면 되고 화장실도 여기저기 포진해 있어 대화 없이도 거주할 수 있단다. 꼭 필요할 때는 한집에 살면서도 전화나 문자로 용건을 전달하면 된다고 한다. 이런 집의 용도는 가장 가까운 가족과 가장 멀리 떨어지기 위함이다. 작은 집에서 말다툼도 하고 부대끼다 보면 없던 정이 싹트기도 할 텐데 관계 개선의 여지가 없는 집이다. 큰 집에 살면서 대화가 단절돼 관계가 멀어진 것인지, 관계가 단절돼 대화가 끊긴 것인지 전후 인과관계를 쉽게 파악하기 어렵다. 건물 덩어리가 아무리 훌륭해도 이런 온기 없는 집은 피하고 싶다.

에필로그

나와 당신의 주거 역사

머릿속에 잠자던 기억을 생생하게 살릴 수 있었던 건 이 책을 쓰면서 얻은 가장 큰 수확이다. 시간이 얼마간 지나 이 책을 다시 펼친다면 어떤 부분에선 피식 웃으며 '이런 시절이 있었지', 또 다른 부분에선 무릎을 치며 '잘했다' 할지 모른다. 내 주거관이나 인생관이 어떻게 변해 있을지 궁금하다. 돈과 부에 대한 생각도 시시각각 변하는 걸 보면, '10년 후 마주할 나'는 분명 지금과 다를 것이다. 너무 낯설지는 않기를 바라는 마음이다.

주거 투쟁 시즌 1의 결과물인 지금의 집에 그대로 살고 있을까. 시즌 2에서는 전혀 다른 양상으로 주거 투쟁을 벌이고 있지는 않을까. 이 책에서는 주거 문제를 미시적 관점에서 접근하다 보니 사회구조적인 주거난, 생존권 등은 중점적으로 담지 못했다. 언젠가 『주거 투쟁 2』를 쓴다면 거시적 주거 문제도 비중 있게 다뤄보고 싶다.

문득 당신의 주거 이력서가 궁금해진다. 내 패를 모조리 깠는데 당신도 한번 꺼내 보일 의향은 없는가.

참고문헌

- 김세훈, 『도시에서 도시를 찾다』, 한숲, 2017.
- 김우창, 『김우창 전집 16: 시대의 흐름과 성찰 1』, 민음사, 2016.
- 대한민국헌법 (제10호 헌법)
- 도미니크 로로, 『작은 집을 예찬한다』, 배형은 옮김, 바다출판사, 2016.
- 레프 톨스토이, 『인생론』, 지경자 옮김, 홍신문화사, 1997.
- 루키우스 안나이우스 세네카, 『세네카의 대화』, 김남우 · 이선주 · 임성진 옮김, 까치, 2016.
- 류보선 · 염복규 외 10명, 『서울의 인문학』, 창비, 2016.
- 마르쿠스 아우렐리우스, 『명상록』, 키와 블란츠 옮김, 다상, 2014.
- 마리아 베테티니 · 스테파노 포지, 『여행, 길 위의 철학』, 천지은 옮김, 책세상, 2017.
- 마이클 페럴먼, 『무엇이 우리를 무능하게 만드는가』, 김영배 옮김, 어바웃어북, 2014.
- 미셸 몽테뉴, 『수상록』, 민희식 옮김, 육문사, 2013.
- 바바라 페어팔, 『공간의 심리학』, 서유리 옮김, 동양북스, 2017.
- 박인석, 『건축이 바꾼다』, 마티, 2017.
- 법정, 『홀로 사는 즐거움』, 샘터, 2004.
- 새로운 사회를 여는 연구원, 『청춘의 가격』, 사계절, 2017.
- 손무, 『손자병법』, 이현서 편저, 동아일보사, 2017.
- 쇠얀 키르케고르, 『키르케고르 선집: 이것이냐 저것이냐 1부』, 임춘갑 옮김, 다산글방, 2008.
- 쑤린, 『어떻게 인생을 살 것인가』, 원녕경 옮김, 다연, 2015.

- 아르투르 쇼펜하우어, 『쇼펜하우어의 청춘독설』, 김욱 편역, 가산출판사, 2011.
- 아브람 더 스반, 『함께 산다는 것』, 한신갑 · 이상직 옮김, 현암사, 2015.
- 안드레아스 브레너 · 외르크 치르파스, 『삶의 기술 사전』, 김희상 옮김, 문학동네, 2015.
- 알랭, 『인간론/행복론/말의 예지』, 방곤 옮김, 동서문화사, 2016.
- 알랭 드 보통, 『행복의 건축』, 정영목 옮김, 청미래, 2011.
- 알프레드 아들러, 『아들러의 인간이해』, 홍혜경 옮김, 을유문화사, 2016.
- 애덤 스미스, 『도덕감정론』, 김광수 옮김, 한길사, 2016.
- 이바르 리스너, 『서양, 위대한 창조자들의 역사』, 김동수 옮김, 살림, 2005.
- 이순신, 『난중일기』, 이은상 옮김, 지식공작소, 2014.
- 이익, 『성호사설』, 고정일 엮음, 동서문화사, 2015.
- 전남일, 『집: 집의 공간과 풍경은 어떻게 달라져 왔을까』, 돌베개, 2015.
- 조선진, 『반짝반짝 나의 서른』, 북라이프, 2015.
- 조지 오웰, 『1984』, 김옥수 옮김, 비꽃, 2017.
- 존 롤스, 『정의론』, 황경식 옮김, 이학사, 2003.
- 지그문트 바우만, 『유동하는 공포』, 함규진 옮김, 산책자, 2009.
- 필립 슬레이터, 『부 중독자』, 이시은 옮김, 어마마마, 2015.
- 한성열 · 한민 · 이누미야 요시유키 · 심경섭, 『문화심리학』, 학지사, 2015.

나의 주거 투쟁

1판 1쇄 찍음 2018년 6월 18일
1판 1쇄 펴냄 2018년 6월 22일

지은이 김동하

주간 김현숙 | **편집** 변효현, 김주희
디자인 이현정, 전미혜
영업 백국현, 정강석 | **관리** 김옥연

펴낸곳 궁리출판 | **펴낸이** 이갑수

등록 1999년 3월 29일 제300-2004-162호
주소 10881 경기도 파주시 회동길 325-12
전화 031-955-9818 | **팩스** 031-955-9848
홈페이지 www.kungree.com | **전자우편** kungree@kungree.com
페이스북 /kungreepress | **트위터** @kungreepress

ISBN 978-89-5820-533-3 03300

값 15,000원